学級経営サポートBOOKS

豊富な実例ですべてがわかる!

中学校 生徒とつくる 365日の教室環境

川端 裕介 著

明治図書

まえがき

平日に生徒が１日の中で最も長い時間を過ごす場所は，家庭の居間や自分の部屋ではありません。学校の教室です。だからこそ，教室の環境次第で，生徒の心の在り方は大きく変わります。私は教室を最高の教材と捉えて，生徒にとって望ましい空間にするための工夫を図ってきました。本書では，その工夫を具体的に紹介します。

学級経営の１つとして，教室の環境整備は欠かせません。そのため，教室環境づくりに関しては，先生方の創意工夫の基で多様な実践が行われていることでしょう。ただし，どのように教室の環境づくりを進めるかについては担任の裁量に任せられるため，差異が大きいのも事実です。また，経験や慣習に沿った実践が多く，教室環境づくりの理論化が十分に進んでいるとは言い難い状況です。先行実践を見ても，書籍になっているものは決して多くありません。さらに，小学校の実践書ばかりで，中学校の教室環境だけを１冊にまとめた本は，管見の限り確認できていません。

そこで，本書は中学校における掲示などの教室環境の工夫を，豊富な実例と学習展開案を基に紹介します。もちろん，校種を問わずに実践のヒントになる内容も含まれています。紹介する実践のキーワードは「学級活動との連動」と「可視化」です。

学級活動との連動に関わっては，教室環境というと教師や有志の生徒が放課後の活動で整えていくイメージが強いと思います。そこで，本書では学級活動の中で行う教室環境づくりの方法を提案します。学級活動としての目標を明確に定め，「主体的・対話的で深い学び」を取り入れた学習展開によって教室環境づくりを進めることで，生徒はよりよい学級をつくろうとする意識を高めます。それが，さらなる活動意欲の喚起につながります。ただの掲示物の実例集ではなく，学級活動と教室環境を関連付けた包括的な学級経営の実践書であると考えています。

もう１つのキーワードである「可視化」については，生徒が学んだ成果や集団としての成長の姿が教室内に記録として残り，作品として表現されるような実践を紹介しています。生徒が努力の状況を客観的に振り返ること（いわゆるメタ認知）ができるように，教室環境づくりを進める方法を紹介します。また，自分の活躍が認められることでの自己肯定感の向上や，集団の一員として役割を果たすことでの自己有用感の獲得，仲間と認め合うことでの支持的風土の醸成など，教室環境の工夫による効果は様々です。それらの効果を生み出すための実践例を４月の学級開きから３月の学級じまいまで掲載しています。

教室環境づくりを進めると，教室がただの「場所」から生徒にとってかけがえのない「居場所」へと変わります。手にとった先生方にとって，本書がよりよい学級づくりや生徒がいきいきと過ごす教室づくりに役立つような１冊となれば幸いです。

2020年２月

川端　裕介

本書の使い方

本書の特長

本書は，教室環境づくりを工夫して生徒の学びを可視化する方法と，個人や学級の成長の様子を教室環境に反映させる方法を具体的な実例から紹介しています。教室環境づくりにおける空間の工夫と時間の工夫を包括的に提案しています。

1章では，教室環境づくりにおいて教師や生徒が意識すべきことを5つのヒントとして提示しています。また，教室環境づくりの流れをステップとして5段階に分けて提案しています。

2章では，通年の教室コーナーとして，年間を通して教室の決まった場所に掲示する例を紹介しています。よくある掲示物をひと工夫するアイディアを提案します。

3章では，月別に教室環境づくりの活動を紹介しています。学級活動の中に位置付けて，ねらいを明確にしながら教室環境を整えることができるような実践例です。

2章・3章ともに，実例の写真を豊富に掲載しています。読者の先生方が実践する際に，作例として生徒に提示できる作品をそろえました。

●第2章

❶ねらい
各コーナーを決めて掲示するねらいを説明しています。掲示の際に生徒に明示しましょう。

❷掲示の工夫
内容や見せ方の工夫を紹介しています。学校や学級の実態に合わせてアレンジできます。

通年掲示 1 **学級のきまり**

ねらい

一般的に，中学校には様々なきまりがあります。きまりを一か所に集めるねらいは2つです。1つは，きまりを確実に守ることができるようにすることです。もう1つは，きまりの多さを自覚させ，自治的な活動によってきまりを精選する意識を醸成することです。

掲示の工夫

学習のきまり，生活のきまり，そして時間のきまりもすべて1か所に集めます。学校のきまりの多さを実感し，生徒会活動を通して全校できまりの在り方を考えるきっかけにします。

学活での取り扱い

4月の進級（入学）直後に，きまりの内容を丁寧に説明します。学級会などで新しいきまりや行動の指針（例えば「話し合いで積極的に質問しよう」「忘れ物が10個を超えたら掃除を手伝おう」など）が決まった場合，ここに掲示をします。

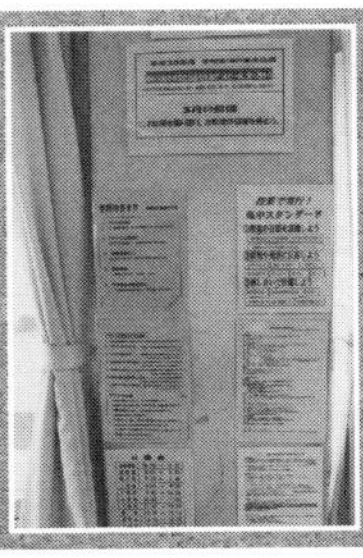

きまりの掲示は，必要性は高くても生徒の関心は低い種類の掲示物です。貼られ続けるとただの飾りとなり，内容に注目されなくなります。そこで，管理の視点ではなく，前向きな気持ちになるようなきまり（行動の指針）を学級で考えるのも効果的です。例えば，小学校で一般的な「ふわふわ言葉」に類する言葉を掲示する方法などが考えられます。

32

❸学活での取り扱い
掲示するタイミングや生徒へ向けて説明する機会と方法について紹介しています。

❹実例画像＆コメント
私がこれまで担任を務めた学級での実際の掲示物と工夫のポイントを紹介しています。

●第3章

❶ねらい
学活の時間の中で行う場合のねらいを示しています。活動の際に生徒に明示し，評価もしましょう。

❸活動の流れ
基本的な活動の流れと時間配分の目安を示しています。教師の主な発問や指示と，私が担任していた生徒が実際に述べた言葉を紹介しています。

❺アレンジ
学活の中で実施が難しい場合に，ねらいの達成を妨げないようにアレンジする方法を紹介しています。

4月 1

ピクチャーコラージュで自己紹介

ねらい

心理療法のマガジンコラージュ（フォトコラージュ）を応用し，自分の好きなものを紙に切り貼りする作業を通して学級で自分を表現できると自信をもたせます。また，自己開示の一環としての作品を相互に鑑賞することで，お互いの趣味や価値観を肯定して受け入れ，支持的風土を醸成することができます。

準備物

ロッカーのサイズに合わせた紙，はさみ，のり，各自の好きな物のイラストや好きな人物の写真を印刷した物

活動の流れ（50分）

❶レイアウトを考える（5分）
T　今日は用意した画像などを基にして「自分の大好き」を1枚の紙に表現しよう。まずは配置を考えよう。
S　意外と紙が小さくて収まらないかもしれない。
T　何を貼るのかだけではなく，どのように貼るのかも自由だから，重ねて貼っても，もちろん構わないよ。用意した画像から何枚か選ぶ場合は，自分の一番好きな物を大きく切ったり，中心に貼ったりすると良いかもしれないね。

❷切り貼りして作品を交流する（40分）
T　レイアウトに基づいて実際に切り貼りをしよう。
S　この作業，けっこう楽しい。
S　バランスをとるのが難しいな。
S　先生，他の人の作品を見に動いても良いですか。
T　もちろん良いよ。どんな絵や写真を貼っているのか，切り方や貼り方にどのような工夫をしているか，交流しよう。その時に「変なの」などのマイナスな評価の声かけではなく，良さを見つけるようにしようね。

❸作品の今後の扱いを伝える（5分）
T　せっかく素敵な作品が完成したから学級通信で紹介しよう。そして，ラミネートフィルムで保護してからロッカーの背面に貼ろう。
S　ロッカーの絵が見えるように，整理整頓しようかな。
S　自分のロッカーがわかりやすくなる。
T　実は先生の子どもが通う幼稚園では，靴箱の敷き段ボールに好きなキャラクターを貼って，自分の靴箱がわかりやすくしているんだ。

アレンジ　作業の時間がない場合は，実例を含めて作り方を示した上で台紙となる用紙を配布し，各家庭で作らせます。発表や交流の時間がない場合は，毎日の短学活で順番に発表させます。

〈参考実践〉加藤孝正（監修），杉野健二『コラージュ療法（実践ですぐ使える絵画療法）』黎明書房，2011

コラージュ療法と異なり，貼り付けたい物は事前に用意させます。この生徒はスマホの写真を用意しました。

作品はラミネートして個人ロッカーの背面に貼ると教室が華やかになり，区別もつきます。

ここで紹介するのは自分や友人の写真やペットの写真ですが，多いのは好きな有名人やアニメのキャラクター，ブランドのロゴなどです。題材もレイアウトも自由です。

50

第3章　365日の教室環境&活動アイデア　51

❷準備物
活動に必要な道具や材料の他，ワークシートのサイズなどを紹介しています。基本的には学校の備品で用意できるものばかりです。

❹実例画像&コメント
生徒の作品や教室掲示の例などを紹介しています。生徒に対する指導や助言のポイントや工夫のコツについて，吹き出しで補足説明をしています。実例を見せると生徒の創作意欲が高まります。

❻参考実践
関連する先行実践の内，私が直接参考にした書籍を紹介しています。学級活動としての取り扱い方は，私が独自の工夫を加えています。

目　次

まえがき …… 3
本書の使い方 …… 4

第1章 教室環境づくりのヒント&ステップ

ヒント1 教室環境づくりのねらいを明確にしよう …… 10
ヒント2 学級活動と教室環境づくりを連動させよう …… 12
ヒント3 教室環境の主役を生徒にしよう …… 14
ヒント4 季節や学校行事と関連させよう …… 16
ヒント5 学びが見えるレイアウトを考えよう …… 18
ステップ1 整備計画を立てよう …… 20
ステップ2 事前準備をしよう …… 22
ステップ3 学活を利用して取り組もう …… 24
ステップ4 キャリア教育に生かそう …… 26
ステップ5 保護者・他学級へ発信しよう …… 28

第2章 通年掲示&教室コーナー

通年掲示

実例1 学級のきまり …… 32
実例2 毎週（毎日）の目標と掲示物のリンク …… 33
実例3 掲示物にユニバーサルデザイン …… 34
実例4 必ず通る場所でイベント告知 …… 35
実例5 給食準備が素早くなる掲示物 …… 36
実例6 掃除でホテル風メッセージ …… 37

教室コーナー

実例1 クラスの歴史がわかる！スナップ写真コーナー …… 38
実例2 成長がひと目でわかる！集合写真コーナー …… 39
実例3 司会が必ず顔を上げる！式次第コーナー …… 40
実例4 活発な発言につながる！学級会コーナー …… 41
実例5 学級を見える化する！学級のデータコーナー …… 42
実例6 主体性が育つ！教科連絡コーナー …… 43
実例7 議論が広がる！道徳コーナー …… 44
実例8 新鮮な気持ちになる！季節のコーナー …… 45
実例9 毎日が楽しみになる！カウントダウンコーナー …… 46
実例10 がんばりが伝わる！部活動コーナー …… 47
実例11 やる気がアップする！進路コーナー …… 48

第3章 365日の教室環境&活動アイデア

4月

実例1 ピクチャーコラージュで自己紹介 …… 50
実例2 入学・進級の決意のはがき新聞 …… 52
実例3 見栄えバッチリの立体的掲示物 …… 56
実例4 １人１役の省エネ掲示物 …… 60

5月

実例5 学級に誇りをもてる学級目標 …… 62
実例6 旅の意義を振り返るはがき新聞 …… 66
実例7 学級力向上プロジェクト始動 …… 68

6月

実例8 学級マスコットコンテスト …… 70
実例9 夏休みまでの学級力アップキャンペーン …… 72

7月

実例10 願いを込める七夕飾り …… 74
実例11 わくわくを共有する夢マップ …… 76

実例12 学級通信タイトルコンテスト …… 78

8・9月

実例13 夏休みの思い出絵日記 …… 80
実例14 マンネリ化を防ぐ個人目標 …… 82
実例15 気持ちを高める合唱カード …… 84
実例16 夢をつなげるマインドマップ …… 86

10月

実例17 係に誇りがもてる掲示物コンテスト …… 90
実例18 みんなで作る高校の口コミコーナー …… 92
実例19 誘惑撃退＆悪魔のささやき …… 94
実例20 社会とつながるはがき新聞 …… 96

11月

実例21 黒板アートでおもてなし …… 98
実例22 今年の内に学級力アップキャンペーン …… 102

12月

実例23 サンタさんへの手紙 …… 104

1月

実例24 ゴールを意識させる冬の絵日記 …… 106
実例25 はがき新聞で最後の意気込み …… 108
実例26 夢を目標に変えるマンダラ夢マップ …… 110
実例27 朝でもいつでも面接練習 …… 114

2月

実例28 節分で心の中の鬼退治 …… 116
実例29 はがき新聞で未来を予想 …… 118
実例30 笑顔になるカウントダウンカレンダー …… 120

3月

実例31 感動を深める寄せ書き …… 122
実例32 学級じまいに学級通信を全号掲示 …… 124

あとがき …… 126

教室環境づくりのヒント＆ステップ

第1章

ヒント 1 教室環境づくりのねらいを明確にしよう

ねらいの明確化と成果の可視化

教室に掲示された作品を見ると，不思議なことがあります。なぜ，係のポスターは四つ切サイズの画用紙に水性ペンで書くことが多いのか。そして，そのポスターには係の生徒の氏名と仕事内容の他に，なぜ落書きのように有名なキャラクターの絵が描き加えられているのか。なぜ生徒の作文をクリアポケットに入れて出席番号順に並べて貼るのか。なぜ「○○だより」を掲示板のあちこちに貼るのか…といったことです。

これらは，教室の中にしばしば見られる光景ですが，教育的な意義や作成の意図が見えません。もし，企業のオフィスや小売店で，同じような掲示をしていたらどう思うでしょうか。学校で行う教育的な活動でありながら，ただ楽しそうだと思うから作ってみたり，今まで続けてきたから掲示したりするのは，もったいないことだと考えます。せっかく貴重な時間を割いて，生徒が一日の大半を過ごす教室に飾るものを作るのであれば，もっと工夫すべきです。

そこで，掲示物を作る時には，必ず作成するねらいを生徒に明示しましょう。その前提として，教師がねらいを設定し，適切に評価するための基準をもつ必要が生じます。ねらいと評価を明確にすることで，指導の改善も可能になります。「活動ありき」もしくは「活動あって学びなし」という状況を打破するために，活動のねらいを的確に定めましょう。

また，学級活動の一環として，生徒が考えていることや学んだ成果を教室環境に反映させる工夫をしましょう。学びの成果を可視化するには，教室に掲示することがうってつけです。特に，中学校では教科担任制のため，小学校のように特定の教科の学習に関する掲示物は，教室に掲示しづらいという事情があります。そこで，学級経営において教室環境の整備を重点の1つに位置付け，学級担任が学活の時間などの成果を生かす工夫が有効です。

教室環境の整備で身につく力

教室環境に関する活動は多岐にわたるため，ねらいも多種多様になります。大きくわけると，生徒個々の力と学級全体の集団としての力の両面を育成できます。

個人としては，ねらいに合わせて内容を構想する力や段取りを計画する力，効率的に作業する力，自分の伝えたいことを的確に表現する力などが養われます。共同で作業する場合は，コミュニケーション力や折り合いをつけながら作業を進める力が身につきます。以上のように，集団の中で協力して教室環境を整備することは，非認知能力を育成する絶好の機会となります。

また，教室環境の整備を進めることで，集団としての力も養われます。お互いの作品を評価したり，協力して作業したりすることで仲の良い生徒以外の関係づくりが促進されます。お互いを認め合うことで，自己有用感が高まり，支持的風土が醸成されます。また，学級として仲間とそろえる点を明示することで，規律のある集団に成長します。教室環境の工夫は，温かく支え合う雰囲気の中にも，メリハリのある凛とした集団をつくることに寄与します。

学習指導要領との関連

教室環境づくりを進める上で，学習指導要領における目標との関連付けが不可欠です。教室環境づくりが学級経営の一環であり，教育課程では特別活動の範疇に含まれます。学習指導要領では，特別活動の目標を以下のように定めています。

> 集団や社会の形成者としての見方・考え方を働かせ，様々な集団活動に自主的，実践的に取り組み，互いのよさや可能性を発揮しながら集団や自己の生活上の課題を解決することを通して，次のとおり資質・能力を育成することを目指す。
>
> (1) 多様な他者と協働する様々な集団活動の意義や活動を行う上で必要となることについて理解し，行動の仕方を身に付けるようにする。
>
> (2) 集団や自己の生活，人間関係の課題を見いだし，解決するために話し合い，合意形成を図ったり，意思決定したりすることができるようにする。
>
> (3) 自主的，実践的な集団活動を通して身に付けたことを生かして，集団や社会における生活及び人間関係をよりよく形成するとともに，人間としての生き方についての考えを深め，自己実現を図ろうとする態度を養う。
>
> （『中学校学習指導要領（平成29年告示）』の「第５章　特別活動　第１　目標」より引用）

これらの目標について，解説編では特別活動で育成すべき資質・能力及び学習過程の在り方として，「人間関係形成」「社会参画」「自己実現」の３つの視点から整理したという説明がなされています（『中学校学習指導要領（平成29年告示）解説　特別活動編』の「第２章第１節特別活動の目標」より）。教室環境づくりは，特別活動の中でも学級活動との関連が深いものですが，掲示物や生徒の作品が人間関係形成や社会参画，自己実現とどのようにつながるのかを意識して，活動のねらいと内容を考えることが大切です。

なお，時間割上の「学活」は学級担任の裁量が極めて大きな時間なので，学習指導要領との関連がおろそかになる傾向があります。学級裁量という名目で，学習指導要領の目標や内容を軽視した実践をしてしまうと，生徒に育成すべき力が身につかない恐れがあります。もちろん，学習指導要領をむやみやたらと絶対視することを奨励しているわけではありません。その内容を100％読み込んだ上で，自分なりの工夫を加えるような姿勢が望ましいと考えます。それが，実践に普遍的な価値を生み，生徒の力を着実に伸ばすことにつながります。

ヒント 2 学級活動と教室環境づくりを連動させよう

学級活動の３つの内容

しばしば混同されますが，学級経営と学級活動は異なる教育活動を指します。例えば，席替えは学級経営の中で行われますが，学級活動ではありません。学級活動は学級経営の一環として扱われますが，教育課程内の教育活動であり，学習指導要領に目標と内容が定められています。

学級活動は，学習指導要領では「⑴　学級や学校における生活づくりへの参画」「⑵　日常の生活や学習への適応と自己の成長及び健康安全」「⑶　一人一人のキャリア形成と自己実現」の３つに分類されています。それぞれ「内容の⑴」などと呼ぶのが一般的です。それぞれの活動と教室環境づくりを連動させるようにします。

学級の課題解決に向けて合意形成を図る活動

内容⑴は，学級会が基礎となります。学級の問題から解決すべき課題を見いだし，解決方法について話し合って合意を形成し，決めたことを実践するという流れです。生徒が主体となって議論と考察を進め，合意形成を図るという自治的な活動です。意見の違いを理解した上で認め合うことで，互いのよさを生かす関係性が生まれます。また，学級をよりよい集団にしようとする意識が高まり，将来の社会参画に向けた意欲が向上します。

内容⑴に関わって，本書では「学級のデータコーナー」として学級の課題を見いだすために生徒のアンケート結果を公表する掲示や，「学級会コーナー」として議題などの掲示などを取り上げています。また，学級目標の決め方と掲示物の工夫や，学級の課題を解決して学級の力を高めるための学級会の流れとまとめ方，学級の状況を分析して個人として取り組むべきことを意思決定させる実践などを紹介しています。

生活上の課題を克服するための意思決定をする活動

内容の⑵は，現在及び将来の生活上の課題の解決に向けて，解決方法を話し合って決定し，決めたことを実践して振り返るという流れの活動です。これまでの自分の生活を見つめ直し，マイナス面をプラスに変えるための意思決定を行う活動と言えます。

本書では，学校行事を含めた学校生活についての意気込みを表現する活動や，生活や学習上の課題を「誘惑する言葉」や「鬼」として可視化し，解決方法を考える活動などを紹介しています。また，本書では取り上げていませんが，テスト前に各教科が得意な生徒に勉強法を聞き，自分の家庭学習を改善しつつ，お勧めの学習方法を掲示するような活動も内容(2)に含まれます。

なお，内容(2)に関わって，生徒が考察した内容や意思決定したことを「はがき新聞」に表現した実践を数多く紹介しています。右のはがき新聞は，学習や生活の改善を目指して努力することを決意し，「努」という文字で表しています。はがき新聞については，内容(2)に関わる様々な場面で活用できますし，内容(1)の学級会の前後にも活用できるなど，汎用性の高いツールです。本書では，実際に生徒が作成したはがき新聞を示しながら活動の方法を紹介しているので，すぐにでも実践に生かせると思います。

努力と挑戦

Challenge!

3年6組 古川美月

あと少しで冬休みが始まります。「学級力」向上アンケートの結果では、「規律力」の学習の部分が六一パーセントで一番低いという結果になりました。このことから、冬休みは意欲的に学習に取り組み、学力を向上させる必要があると私は考えます。なので私は入試に向けて冬休み中の勉強や過ごし方に特に注意したいと思います。さらに「努力」を忘れずに、何事にも「挑戦」していきたいです。

努力

あと少し:)

卒業まで残り三か月程。皆と過ごす時間を大切し、たくさんの思い出をつくりましょう!!

5-T-1　公益財団法人 理想教育財団

未来のキャリア形成に向けて自己実現を図る活動

内容(3)は，現在および将来を見通した生き方についての課題を見いだし，解決方法を話し合って決め，実践する活動です。内容(2)と類似していますが，内容(2)がこれまでの生活でできなかったことや将来ぶつかりそうな課題に着目するのに対し，内容(3)はこれまでの生活でできていて，さらに伸ばしたいことに着目するという違いがあります。内容(2)はマイナス面の克服を重視し，内容(3)はプラス面の伸長に主眼を置くと言えます。だからこそ，内容(3)はキャリア教育の要として位置付けられる活動になります。

本書では，３種類の「夢マップ」を作成する実践や，近い未来を想像してはがき新聞にまとめる実践を紹介します。右は，夢マップの例です。このように将来の夢を絵や文字に表現することで，夢を実現するための意思が強くなり，具体的な努力を促すきっかけが生まれます。

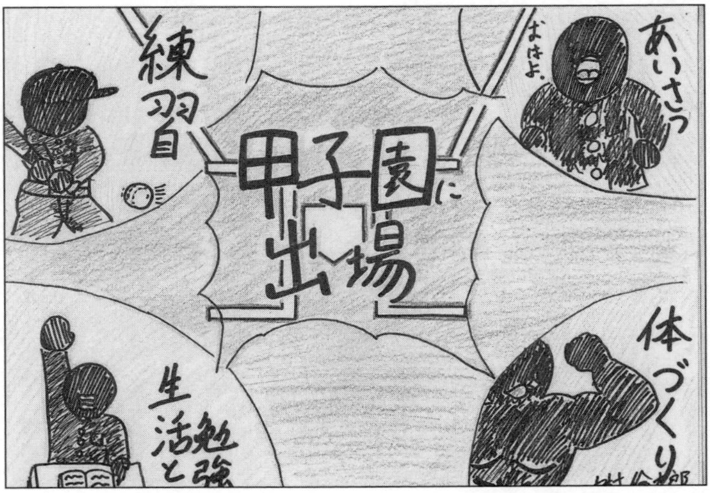

令和２年度からキャリア・パスポートがすべての小学校・中学校・高等学校で実施することが決まるなど，キャリア教育の充実が喫緊の課題となっています。その一助になるような実践として，教室環境と連動したキャリア教育の形を例示します。

ヒント 3 教室環境の主役を生徒にしよう

教室に飾る成長の記録

教室は，学校という公的な施設の中で生徒が一番長い時間を過ごす場所です。それと同時に，校内の他の場所に比べて安心感を得られるようにしたい場所でもあります。その意味では，教室は家のような要素も持ち合わせています。家としての教室という性質を生かして，家庭で行われるような飾り付けをすると，生徒は学級への所属意識を強くします。

例えば，家の壁に子どもの写真を飾るように，教室に生徒の写真を飾ってはどうでしょうか。その際に，全員が集合する写真だけではなく，一人一人の生徒が普段の生活や学校行事で輝いている写真が掲示してあれば，生徒たちは恥ずかしくもうれしい気持ちになってくれるものです。右の写真は，教室にスナップ写真を掲示している例です。本書の「スナップ写真コーナー」で具体的な工夫を説明します。

学びの成果の可視化

教室を家庭のような場だと考えた場合，飾るべきなのは写真だけではありません。子どもが幼いころに描いた絵や，学校でもらった賞状を飾っているという家庭は多いと思います。同様に，教室にも生徒の作品を掲示することを勧めます。

ただし，注意点もあります。中学校での一般的な掲示の方法として，教室の掲示板に生徒の数だけＡ４サイズのクリアポケットを貼り付けて，その中に４月の自己紹介から３月の作文までを順に入れるという例があります。その方法自体を否定するつもりはありません。しかし，その方法だと学級活動で扱ったワークシートをすべてクリアポケットに入れてしまい，見づらい掲示になるおそれがあります。逆に，いつまでも更新されずに注目されなくなる場合もあります。学級活動では，自分のために作成してファイルに綴じるポートフォリオ用のワークシートと，他者に向けて表現をするために作成して教室に掲示する作品は，明確に分けるべきです。

そこで，学級活動の中で考えたことを鑑賞に耐え得る作品として仕上げ，活動の終了後に教室に掲示することを勧めます。生徒にとっては，掲示物として自分自身や先生方，他の生徒の目に触れる状態にすることで，学んだ成果をいつでも目で確認できます。

例えば，右下は「心の中の鬼退治」という活動における作品です。自分の心の中の弱い部分を考え，それを鬼として表現し，克服する方法を考えます。活動の終了後に教室で掲示することで，「考えて終わり」にせずに，課題の解決に対する意欲が維持されます。また，他者の目に触れる状態なので，克服への責任感が自然と生じます。

特別活動の基本的な理念は「なすことによって学ぶ」です。特別活動を中心とした生徒の学びの成果を掲示する方法で教室環境を整備していくと，特別活動の理念を具現化できます。

自己肯定感と自己有用感

教室の主役は生徒です。したがって，教室環境の主役も生徒であるべきです。上記の例のように，教室に生徒の成長の様子や学んだことの成果を掲示することで，教室の主役は生徒であるというメッセージを明確に打ち出せます。教室には，学校の教育目標やきまりなど，学校側の事情で共通して掲示すべきものが多くあります。それも大切ですが，生徒が自分たちの教室であると自覚できるように，生徒中心に環境を整えることも大切です。

生徒が主役になった教室環境で生活すると，２つの感情が育つ土台になります。１つは，自己肯定感です。自分が努力してきた姿や成果としての作品を担任に認めてもらい，仲間と認め合うことで，自信をもてるようになります。特に，仲間と相互理解が進むと，人間関係を形成する意欲につながります。また，将来の夢に関する表現物を認めてもらうことは，自己実現につながります。

２つ目に，自己有用感が養われます。共同で作成する掲示物であれば，自分が集団に貢献して役に立っていることを自覚できます。それは，社会参画への意欲につながります。

以上のように，教室環境の工夫によって自己肯定感と自己有用感が高まると同時に，「人間関係形成」「自己実現」「社会参画」という特別活動で身につけたい資質・能力の育成につながります。教室を単なる場所ではなく，学びの場として捉えて意図的・計画的にデザインしましょう。

ヒント

4

季節や学校行事と関連させよう

2つのカレンダーの融合

生徒たちの生活には，２つのカレンダーが存在します。２つのカレンダーとは，学校のカレンダーと日本の年中行事のカレンダーを指します。学校では，４月の入学式・始業式から３月の卒業式・修了式までの年間行事予定があり，それに沿って教育活動が行われます。それと同時に，家庭では正月から大みそかまでのカレンダーがあり，伝統的な年中行事を体験する場合もあります。

教室環境づくりを工夫すると，生徒にとっての２つのカレンダーを融合させることができます。融合させることで，生徒は季節の移ろいや節目を意識し，自己や集団の成長を感じながら学校生活を送ることができます。先を見通して主体的に学校生活を送るきっかけになります。

季節を感じる環境づくり

日本の年中行事には伝統的なものから戦後に定着したものまで，多種多様です。また，保護者の考えや家族構成によって，行事を行うかどうかの差があります。したがって，学校で年中行事を体験することで，学校で伝統文化を継承する機会を確保する意味は大きいと考えます。

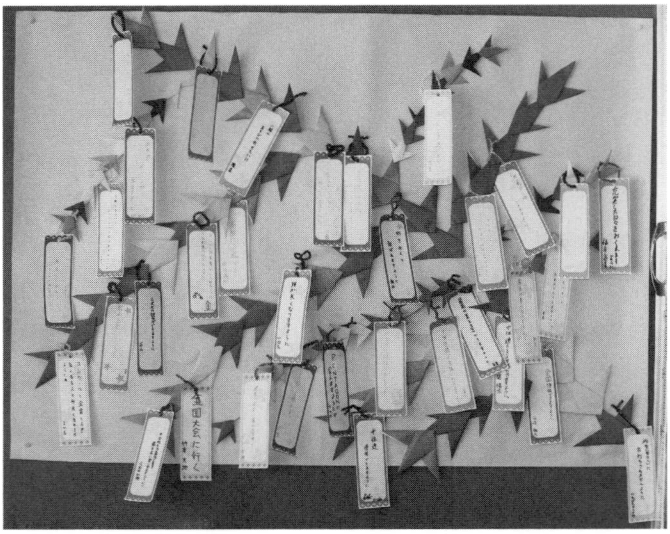

右の写真は，教室に七夕飾りを掲示した例です。私が勤務する函館市では，七夕の日に子どもが地域の家やお店を回って「♪竹～に短冊七夕まつり…」と歌い，お菓子をもらうという習慣があります（本来はろうそくだったそうです）。教室で短冊に願いを書いて飾っていると，生徒は過去の七夕の思い出を自然と語り出すことがあります。童心に返りながら伝統文化に触れる効果があります。

他にも，初詣や節分，桃の節句や端午の節句，クリスマスなど幼いころに親しんでいた行事を学校でも行うことは，楽しみながら伝統に触れるきっかけになります。また，９月９日の重陽の節句（菊の節句）に合わせて「後の雛」を飾るなど，現代には一般的ではない行事を学校で行うという方法も考えられます。

行事に向けた環境づくり

４月の「学級開き」から３月の「学級じまい」までの間に，学校行事を始めとして学級には様々な節目となるできごとがあります。特に，学級対抗形式の体育大会や合唱コンクール，旅行的な行事，全国につながる部活動の大会やコンクールなどに向けて，学級で生徒の意欲を高める工夫が求められます。大きな行事に向けた心の準備は，環境づくりから始めましょう。

例えば合唱コンクールであれば，学級で臨む意義として，歌が苦手な生徒と得意な生徒が力と心を合わせて，聴く人に曲に込められたメッセージを伝えるように演奏すれば，他者を感動させて，協働する力が身につくことを伝えます。その上で，コンクールに向けて自分にできることや仲間のためにがんばりたいことを意気込みとしてカードに記入し，教室に掲示します。

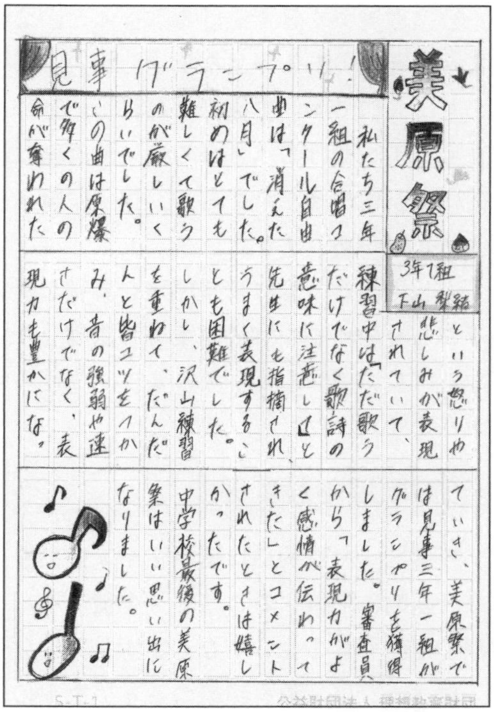

コンクールが終わった後には，練習から本番までの経験を通して学んだことを右のようにはがき新聞にまとめ，作品は教室に掲示します。このように，学校行事の準備から振り返りまでの間に教室環境づくりに関連した活動を取り入れることで，生徒は学校行事による成長を可視化し，自分や集団がどのようなことができるようになり，課題には何が残ったかということをメタ認知できます。

生徒を飽きさせない教室環境

季節の年中行事や学校行事に合わせて教室環境づくりを行うと，時期によって教室の掲示が変化していきます。それが，生徒を飽きさせない効果を生みます。

教室環境を整備する上での課題は，同じ場所に同じものを掲示し続けると，生徒が見慣れてしまうことです。せっかく活動の「見える化」が目的で掲示しているのに，注目されなくなって掲示物を風化させるのはもったいないことです。実際，春の体育大会の意気込みを秋になっても貼っている例や，秋の合唱コンクールの意気込みを年度末まで貼りっぱなしにするような教室を目にすることがありますが，その掲示の教育的な効果はすでに失われています。生徒に「いつまで貼っているんだろう」と思わせてはいけません。

そこで，時期によって掲示物を貼り換えることで生徒の関心を引き，新鮮な気持ちをもたせることができます。教室をただの場所から大切な居場所へと変えるように意識しましょう。

ヒント 5 学びが見えるレイアウトを考えよう

教室環境のNG

教室環境づくりで避けるべきことが２つあります。１つが，誤字など生徒がからかわれてしまうおそれのある作品を掲示しないことです。誤字を直すことや，生徒の同意の上で掲示することが大切です。生徒の作品には，著作権が発生します。

もう１つ避けるべきなのは，無計画に掲示することです。担任の思い付きで掲示したり，生徒に完全に任せたりすると，掲示に統一感がなくなります。意図的かつ計画的に教室環境を整える必要があります。

もし生徒とともに教室環境を整備したい場合は，年度の途中で「教室リフォーム」を実践することを勧めます。教師主導で整備したものを手本としながら，生徒の柔軟なアイディアが生かされた環境づくりが進みます。生徒の学びの姿が可視化されるとともに，自治的な力が身につきます。

教室環境の設計図

教室は，一般的には奥行７ｍ×間口９ｍほどの広さです。その限られた空間に掲示物や作品を計画的に配置することで，生徒にとって居心地の良い空間となり，自信をもちながら伸び伸びと生活できるようになります。

次ページに，教室環境のレイアウトの一例を示しました。教室内には生徒の机が並びますし，窓側にはほとんど掲示スペースがありません。実際は黒板側，背面，廊下側の３面が教室環境の整備の中心になります。

集中して授業に取り組むための環境整備として，黒板側と廊下側の側面は学習との関わりが深い掲示物にします。注意力を削がないように，見ると楽しくなるような掲示は背面や廊下側の後方にします。

また，個人ロッカーの壁面に作品を掲示することで，狭いスペースを有効に活用します。教室の柱もコーナーとして使います。なお，掲示場所によって，画びょうやセロテープ，マスキングテープなど貼り付ける道具を変えます。掲示板以外には画びょうを使わないようにするなど，傷をつけない配慮が大切です。

全体のレイアウトだけではわかりにくいため，前面，背面，廊下側のレイアウトを別に例示します。本書にはたくさんの写真も掲載しているので，参考になると思います。

教室のレイアウト例

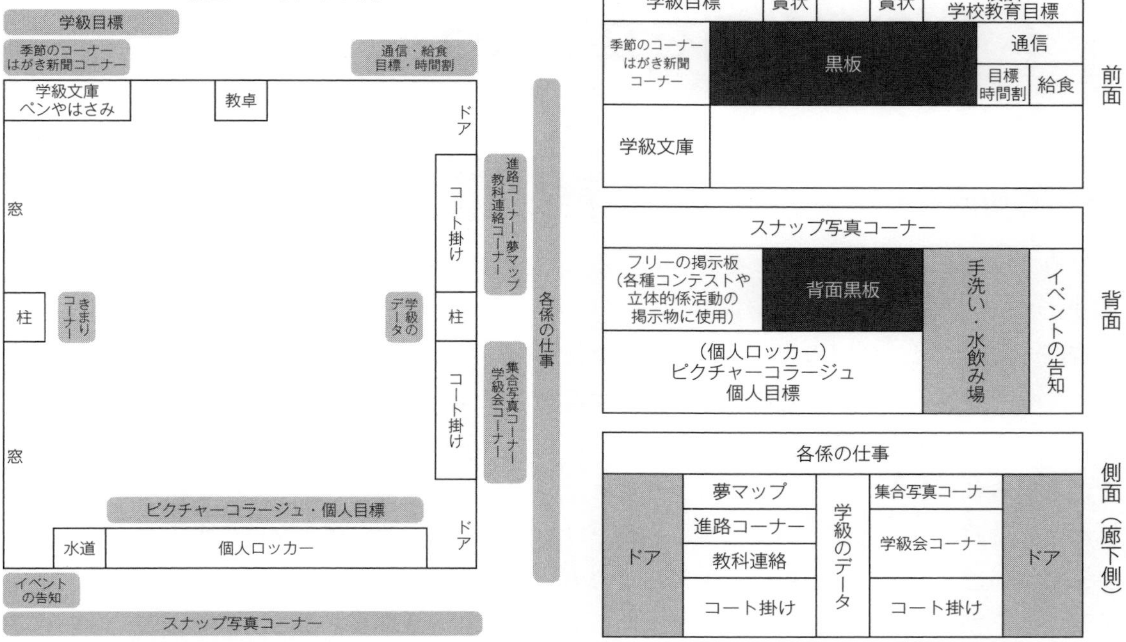

教室環境の先行実践と本実践の違い

先生方が教室環境づくりを工夫しようと考えた時，真っ先に参考とするのは同じ学校の中の他の学級ではないでしょうか。また，他校を訪問する際に教室の掲示物に感銘を受けてまねることもあるでしょう。その際に，形だけをまねるのではなく，担任の先生に意図をたずねることを勧めます。教室活動の一環として教室環境を整備する以上，ねらいを理解して生徒に説明できるようにすることが大切です。

また，先行実践の書籍から学ぶ方法も有効です。教室環境に関わっては，中嶋公喜・加藤八郎編著『学習意欲を引き出す教室環境・教室壁面　低学年』及び同『中学年』『高学年』（いずれも明治図書出版，1998）が代表的です。４月から３月まで各学年で20数例の掲示の工夫が紹介されています。イラストでレイアウトが示してあり，20年前の実践ですが現代でも参考になる内容です。他にも石川晋編『THE　教室環境（シリーズ THE　教師力）』（明治図書出版，2014）や静岡教育サークル「シリウス」編著『学級力がアップする！　教室掲示＆レイアウトアイデア事典』（明治図書出版，2014）なども豊富な実例が紹介されているため，参考になります。

本書で紹介する実践と先行実践との違いは，学級活動と強く関連付けている点にあります。活動のねらいを明確にし，学びの成果を可視化するために教室環境を整えることを重視しています。また，教室環境の先行実践では小学校の事例が中心ですが，本書はすべて中学校での実践例を紹介します。もちろん，小学校や高等学校にも活用できる内容だと考えます。

ステップ 1

整備計画を立てよう

空間と時間の計画

教室環境づくりの第一歩は，計画を立てることです。計画には，空間の計画と時間の計画があります。

空間の計画とは，教室のどこにどのような掲示をしたり，飾り付けをしたりするのかというレイアウトの計画です。生徒の作品を掲示する場合には，用紙などのサイズまで計算することが大切です。生徒全員分の作品を掲示しようとして，用紙が大きすぎて予定していたスペースをはみ出ることがないようにしましょう。

次に，時間の計画とは，いつごろにどれだけ時間をかけて教室環境を整備するかというスケジュールのことです。その際に，学級経営の方針や特別活動の年間指導計画に合わせることが重要です。また，季節の行事や学校行事とも関連させて計画を立てましょう。

私の場合は，学級通信の発行計画と合わせます。保護者に向けて生徒や学級の様子を目に見える形で伝えるには，教室環境を学級通信の記事にする方法が最適です。学級通信との連携の工夫については，本書のステップ５で具体的に紹介します。

特別活動の年間指導計画との関連

教室環境づくりは，特別活動の中の学級活動として行います。したがって，特別活動の年間指導計画と関連付ける必要が生じます。学習指導要領では，特別活動の年間指導計画について「生徒による自主的，実践的な活動が助長されるようにする」（『中学校学習指導要領（平成29年告示)』第５章の第３の１の(2)）とあり，解説では，次のように説明されています。

> 特別活動においては，教師の適切な指導の下に生徒による自主的，実践的な活動が助長され，そうした活動を通して特別活動の目標の実現が目指される教育活動である。そこで，できるだけ生徒自身による計画に基づく活動を生かし，生徒が自ら進んで活動を行うように指導する必要がある。特に，中学生ともなれば，他から与えられた計画に従わせるだけでは活動意欲を失わせることにもなるため，特別活動の各内容及び活動内容の特質に応じて，生徒による自主的，実践的な活動が助長されるように指導することが必要になってくる。すなわち，生徒の主体的・対話的で深い学びを実現するためには，生徒が活動の計画を立てて実践するように配慮することが大切であり，そのことが特別活動の指導における極めて重要な基本と言える。

（『中学校学習指導要領（平成29年告示）解説　特別活動編』第４章第１節２の⑷より引用）

つまり，特別活動においては，学校が立てた全体計画及び年間指導計画を基本にしつつ，個別の活動については生徒に計画づくりから参画を促すことが求められます。例えば，生徒から学級会を開きたいという要望があったとします。その場合は，学級活動委員会（学級委員や班長などで構成する学級内の委員会）の生徒と相談し，年間指導計画を修正しながら学級会を実施できるように日程を調整しましょう。なお，年間指導計画を変更する際には，全体計画から逸脱しないように配慮し，管理職や同じ学年の他学級に相談して理解を求める必要もあります。

特別活動においては，教師が敷いたレールに生徒を載せるわけではなく，生徒に活動を丸投げするわけでもなく，生徒の自主性を生かしながら活動を進めます。教室環境づくりを特別活動の中に位置付ける際には，このように生徒とともに計画をつくり，実践するという姿勢を基本にしましょう。

計画を実施するポイント

特別活動の計画と連動させて教室環境づくりの計画を立てる際には，次の３点を留意しましょう。１点目は，特別活動の時間を浪費しないことです。学活の時間の中で教室環境整備の時間を確保するために，「自習タイム」や「自由にトランプ遊び」など，ねらいも評価もできない活動を学活の時間で行うのは避けましょう。活動内容を精選することは，特別活動の充実にもつながります。また，席替えや係決め，学校行事の事前指導のように学級経営に含まれていても学級活動ではない内容は，できる限り短時間で行ったり，朝や帰りの会で行ったりしましょう。そのような工夫によって，放課後に教室環境の整備をして生徒と担任の負担が増す事態を避けることができます。

２点目の留意点は，生徒の自主性を尊重しつつも，活動を生徒に完全に任せるわけではないことです。学校で行うべきなのは「自主的」で「自治的」な活動です。完全な自主や自治ではなく，「的」という表現になっている意味を考えましょう。放任をするわけではありません。教師が適切に支援と指導をしながら，生徒の自主性を生かし，生徒の意欲を喚起しながら教室環境を整備できるようにしましょう。

３点目に，道徳の時間や総合的な学習の時間を流用することは絶対に避けましょう。時間割で定められた内容を改変することは，教科等の内容の未履修につながります。また，道徳の時間に学級活動をするなどの教師が時間割を改変することは，生徒に「しなければいけない内容は，自分の都合で勝手に変えても良い」という誤った価値観を認識させる（ヒドゥン・カリキュラムとなる）おそれがあります。同様に，作業が終わらなかったからといって，安易に放課後の時間を使うこともやめましょう。決められた条件の中で効率よく目的な達成できるように，教室環境づくりを進めましょう。

ステップ 2 事前準備をしよう

ワークシートの準備

学級活動として教室環境づくりを行う場合（教室に学級活動の成果を掲示する場合），生徒用のワークシートを準備する必要があります。下に，２つの例を紹介します。

左下は，活動の説明用のワークシートの例です。具体的には，マインドマップという手法を用いて，夢について考える活動を説明するためのワークシートです。キャリア教育の一環として行います。マインドマップの意義や作り方の手順を文章で説明しています。また，過去の生徒の作品を掲載し，生徒が内容やデザインのイメージを膨らませることができるようにしています。なお，夢マップ自体は，別の用紙（真っ白なＡ４サイズの用紙）に記入します。

右下は，生徒が実際に記入するワークシートの例です。学級目標の掲示物のデザインを考えるためのワークシートで，上半分にはデザイン案と必要な材料を記入します。下半分は，参考として過去の掲示物を写真で紹介し，特色を書いています。生徒の参考になるように，作品例はカラーで印刷します。カラー印刷が難しい場合は，画像をスクリーンなどに投影します。

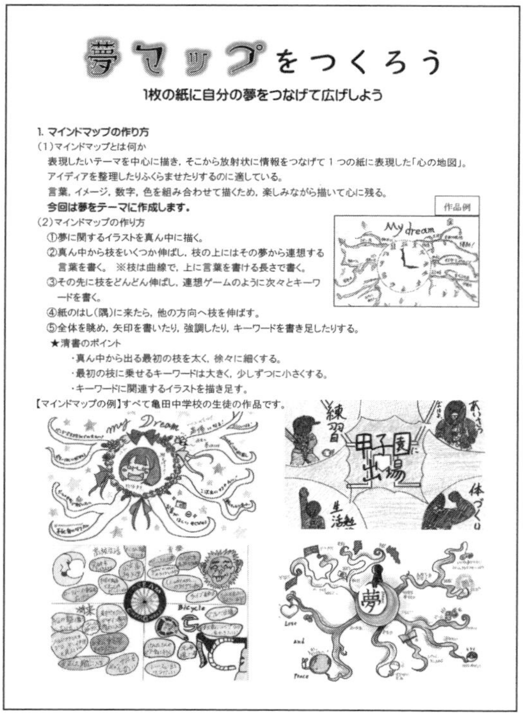

夢マップをつくろう

1枚の紙に自分の夢をつなげて広げしよう

1. マインドマップの作り方

(1)マインドマップとは何か

表現したいテーマを中心に描き，そこから放射状に情報をつなげて１つの紙に表現した「心の地図」。
アイディアを整理したりふくらませたりするのに適している。
言葉，イメージ，数字，色を組み合わせて描くため，楽しみながら描いて心に残る。
今回は夢をテーマに作成します。

(2)マインドマップの作り方

①夢に関するイラストを真ん中に描く。
②真ん中から枝をいくつか伸ばし，枝の上にはその夢から連想する言葉を書く。 ※枝は曲線で，上に言葉を書ける長さで書く。
③その先に枝をどんどん伸ばし，連想ゲームのように次々とキーワードを書く。
④紙のはし(隅)に来たら，他の方向へ枝を伸ばす。
⑤全体を眺め，矢印を書いたり，強調したり，キーワードを書き足したりする。

★清書のポイント

・真ん中から出る最初の枝を太く，徐々に細くする。
・最初の枝に乗せるキーワードは大きく，少しずつに小さくする。
・キーワードに関連するイラストを描き足す。

作品例

【マインドマップの例】すべて亀田中学校の生徒の作品です。

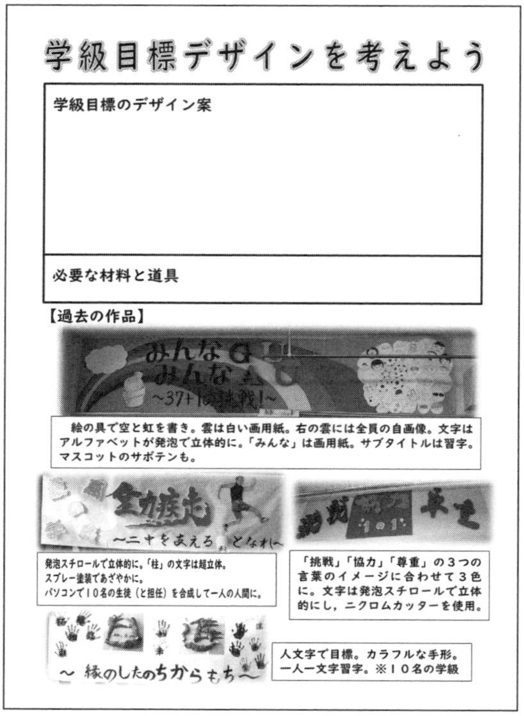

学級目標デザインを考えよう

学級目標のデザイン案
必要な材料と道具

【過去の作品】

絵の具で空と虹を書き。雲は白い画用紙。右の雲には全員の自画像。文字はアルファベットが発泡で立体的に。「みんな」は画用紙。サブタイトルは習字。マスコットのサボテンも。

発泡スチロールで立体的に。「柱」の文字は超立体。
スプレー塗装であざやかに。
パソコンで１０名の生徒（と担任）を合成して一人の人間に。

「挑戦」「協力」「尊重」の３つの言葉のイメージに合わせて３色に。文字は発泡スチロールで立体的にし，ニクロムカッターを使用。

人文字で目標。カラフルな手形。
一人一文字習字。※１０名の学級

これらの個人用のワークシートは，１冊のファイルに綴じて生徒に保管させましょう。個人のポートフォリオとなり，特別活動での学びの足跡が確認できるようになります。特に，班単位で作業に取り組むような活動では，個人の学びの状況が見えづらくなる傾向があるので，個人用ワークシートをファイリングすることを勧めます。生徒が活動を振り返って自己評価する時や，教師による定期的な評価をしやすくなります。また，記入できていない生徒がいる場合は，的確な支援が容易になって指導の改善につながります。

生徒の心の準備

教室環境づくりの事前の準備で忘れてはいけないことは，生徒の心の準備です。学級の１人１人が，教室環境を整備することの意義を理解して，掲示物の作成や個人の作品制作に意欲的に取り組むことができるようにしましょう。

活動によっては，事前に内容を告知すると良いでしょう。例えば，「来週の学活の時間では，将来の夢について考えます。夢の内容や，その実現に向けてがんばりたいことについて考えておいてください。」と連絡してから夢マップの活動を行うと，決められた時間の中でスムーズに活動を進めることができます。

また，事前の準備に掲示物を活用する方法もあります。例えば，学級会コーナーに次の学級会の議題や話し合うことを記入して周知を図ります。論点が事前にわかるので，学級会の当日に充実した議論ができるようになります。

必要な物の準備

教室環境を整備する際に，材料や道具など必要な物の準備は欠かせません。模造紙や画用紙，水性ペンのような消耗品の他に，はさみや画びょう，掲示用のクリップなどの道具も用意しましょう。教室環境の計画を立てておくと，必要な物品の種類と数量はある程度わかります。「掲示物を作ろうとして事務室へ画用紙を取りに行ったら，ちょうど在庫がなかった」などという失敗をしないように，事前に必要な物を確認して用意しておきましょう。限られた時間の中で作業をする時には，生徒に事務室へ材料や道具を取りに行かせる時間さえ，もったいなくなります。効率性を重視しましょう。

なお，これらの物を準備する際には，お金をかけないことが大切です。担任が負担すれば良い物が用意できるかもしれませんが，クラス替えや担任が替わった時に「前の先生は買ってくれたのに…」などという生徒の不満を呼び起こすおそれがあります。学校の備品や消耗品を活用したり，学級活動費として配分されるお金の中からやりくりをしたりしましょう。また，学級文庫には教師が過去に読んでいた本を置くなど，工夫次第で無駄を省くことができます。生徒には，時間もお金も有限という条件の中で工夫とアイディアによって良い作品をつくり，過ごしやすい教室環境をつくることが大切だと実感させたいものです。

ステップ 3 学活を利用して取り組もう

放課後に頼らない

係の掲示物や学級目標の掲示物の作成は，放課後に行われる場合があります。部活動の顧問を務めていると，４月や10月には「クラスのポスターを作るので部活を休みます（遅れます）」という連絡をしばしば受けることがあります。また，学校に保護者から「家の子が帰ってこない」と電話がかかってきて，校内を探したところ教室に残って掲示物を作っていたという例もありました。計画通りに作業が進まず，やむを得ず放課後に活動することもあるかもしれませんが，最初から放課後の時間を当てにするような計画は避けましょう。

掲示物づくりの活動は，学校で必ずしも行わなければいけないものではないので，学級担任と生徒にとって過度の負担とならないように配慮する必要があります。例えば，50分の学活の時間を確保できない場合，朝の会や帰りの会の中の２～３分を使って少しずつ作業を進める方法もあります。

なお，掲示物の作成の中で「時間が足りなければ放課後に続きを行えば良い」という感覚が生徒や教師にとって当たり前になってしまうことは避けましょう。なぜなら，その感覚が「授業が終わらなかったら休み時間に食い込んでも良い」や「部活動の練習が足りなければ朝練や自主練を増やせば良い」など，別の活動へも影響を及ぼすからです。逆に，一定の時間の中で最大の成果を生むという発想を教室環境づくりから浸透させましょう。

学活の時間に行う利点

学活の時間に教室環境の整備を行う利点は，ねらいが明確になることです。放課後の自主的な活動だけだと，ねらいが不明確になり，作業自体が目的化しがちです。個々の作品づくりや班での掲示物づくりという作業は，ねらいを達成するための手段に過ぎません。それらの活動を通してどのような力を育みたいのかをよく考えて，生徒に明示できるようにしましょう。

例えば，校内体育大会の前日に優勝を目指して黒板にメッセージを書くという活動を考えた時，ねらいが不明確だと「優勝しよう！」「がんばろう！」などの抽象的なメッセージが多くなってしまいます。それを防ぐために，体育大会を通してどのような学級になりたいのかという点や，体育大会が終わった時にどのような気持ちになっていたいかという点について考えさせた上で，メッセージを記入させます。生徒はこれまでの練習の意義を振り返りながら，翌日に控えた本番で何を表現したいのかを考えてメッセージを記入します。そうすると，「運動は苦手だけど，みんなのためにリレーを少しでも速く走るから，後は任せた！」や「大縄跳びで引っかかっても最後まで声をそろえて出し続けよう」などの具体的なメッセージが増えます。それは，よりよい人間関係をつくることや，得意・不得意に関係なく協働することなど，学校行事のねらいに迫る考え方へとつながります。

課題解決につながる教室環境

教室環境づくりを学活の時間に行う場合は，学級活動の目標を達成できるように内容を計画します。学習指導要領では，学級活動で育成すべき資質・能力として次のとおり例示されています。

○　学級における集団活動や自律的な生活を送ることの意義を理解し，そのために必要となることを理解し身に付けるようにする。
○　学級や自己の生活，人間関係をよりよくするための課題を見いだし，解決するために話し合い，合意形成を図ったり，意思決定したりすることができるようにする。
○　学級における集団活動を通して身に付けたことを生かして，人間関係をよりよく形成し，他者と協働して集団や自己の課題を解決するとともに，将来の生き方を描き，その実現に向けて，日常生活の向上を図ろうとする態度を養う。

（『中学校学習指導要領（平成29年告示）解説　特別活動編』第３章第１節１より引用）

１点目は学級活動全体で身につけるべき資質・能力です。２点目は主に学習指導要領で定める学級活動の内容の⑴，３点目は内容⑵と⑶と深く関わります。２点目と３点目のどちらも，「課題の解決」がキーワードとなっています。したがって，教室環境づくりを行う際には，学級もしくは個人の課題を見いだし，その解決方法を決めるという流れを考慮します。具体的には，課題の発見や話合いの記録，決めたことの内容などを掲示します。学級活動の学習の成果を可視化する手段として，教室環境を活用すると言えます。

なお，学習指導要領では，特別活動における問題と課題は明確に区別されています。問題とは，学級や学校での生活上の問題や，生徒個人の日常生活や将来への生き方などの問題を指します。課題とは，それらの問題の原因となっている要素の中で，学級や生徒自身で解決可能かつ解決すべきことを指します。問題の中には，生徒の手による解決が困難な内容や教師の指導によって解決すべき内容が含まれます。諸問題の中から，生活をよりよくするために焦点化され，解決すべきと判断したものが課題です。

教室環境づくりにおいては，整備をする意図と活動の目標を明確にし，設定した課題の解決に役立つように工夫をしましょう。学活に行うことの必然性と同時に，掲示など環境整備の必然性をもたせるのがポイントです。

ステップ
4 キャリア教育に生かそう

キャリア教育の成果を生かす教室環境

平成29年告示の学習指導要領の改訂のポイントの１つが，キャリア教育の充実です。総則には，次のように記載されています。

> 生徒が，学ぶことと自己の将来とのつながりを見通しながら，社会的・職業的自立に向けて必要な基盤となる資質・能力を身に付けていくことができるよう，特別活動を要としつつ各教科等の特質に応じて，キャリア教育の充実を図ること。
>
> （『中学校学習指導要領（平成29年告示）』の「第１章　総則」第４の１⑶より引用）

このように，特別活動を要としてキャリア教育を充実させることが明記されています。キャリア教育というと，職場体験学習の印象が強いかもしれません。職場体験学習は，総合的な学習の時間で実施される場合もあると思いますが，キャリア教育の要は特別活動です。なぜ総合的な学習の時間ではないのかと言えば，総合的な学習の時間は体験を通して探究的な学習をすることに主眼が置かれているため，必ずしもキャリア教育をテーマにする必要がないからです。総合的な学習のみでキャリア教育を進めた場合，計画の変更によってキャリア教育のねらいが達成できなくなるおそれがあります。したがって，キャリア教育の内容が明記されている特別活動を中心として推進することが大切です。

特に，学級活動の内容「⑶一人一人のキャリア形成と自己実現」を扱う際には，キャリア教育の視点が不可欠です。教室環境づくりにおいても，キャリア教育の視点から空間をデザインするようにしましょう。

キャリア・パスポートとの関係性

キャリア教育を進める上で，学んできた成果をポートフォリオの一種であるキャリア・パスポートとして蓄積することが求められています。キャリア・パスポートについて，中教審の答申では次のように説明があります。

> ○　教育課程全体で行うキャリア教育の中で，特別活動が中核的に果たす役割を明確にするため，小学校から高等学校までの特別活動をはじめとしたキャリア教育に関わる活動について，学びのプロセスを記述し振り返ることができるポートフォリオ的な教材

（「キャリア・パスポート（仮称）」）を作成することが求められる。特別活動を中心としつつ各教科等と往還しながら，主体的な学びに向かう力を育て，自己のキャリア形成に生かすために活用できるものとなることが期待される。
（中央教育審議会答申「幼稚園，小学校，中学校，高等学校及び特別支援学校の学習指導要領等の改善及び必要な方策等について」（平成28年12月21日）第２部第３章16特別活動(2)③より引用）

なお，キャリア・パスポートについては小学校入学から高等学校卒業までの12年間までの記録を蓄積すること，１年間の枚数をＡ４表裏で５枚以内にすること，教科学習，教科外活動，学校外の活動の３つの視点で記入することなど様々な条件があり，様式が文部科学省から例示されています。様式については各学校でもカスタマイズが可能となっています。令和２年度から開始されますが，校種間の引継ぎが行われるため，早急な準備と着実な記録の蓄積が求められます。キャリア・パスポートへの記録は，特別活動の時間に必ず行わなければならないものではありません。また，記入内容も特別活動だけに限定されていません。

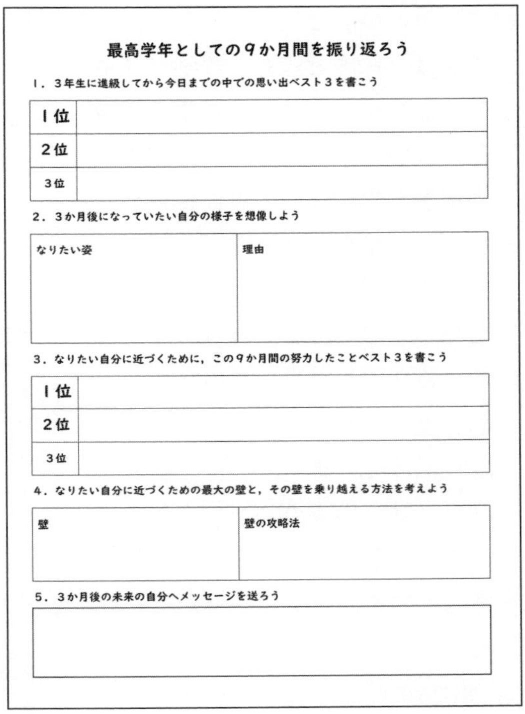
最高学年としての９か月間を振り返ろう

１．３年生に進級してから今日までの中での思い出ベスト３を書こう

１位	
２位	
３位	

２．３か月後になっていたい自分の様子を想像しよう

なりたい姿	理由

３．なりたい自分に近づくために，この９か月間の努力したことベスト３を書こう

１位	
２位	
３位	

４．なりたい自分に近づくための最大の壁と，その壁を乗り越える方法を考えよう

壁	壁の攻略法

５．３か月後の未来の自分へメッセージを送ろう

しかし，実際は特別活動と深く関わると考えます。右に，私が毎年12月に生徒に記入させているワークシートを紹介します。キャリア・パスポートにそのまま使えそうな内容になっています。生徒に負担を強いるような重複を避けながら，特別活動におけるワークシートとキャリア・パスポートを連動させることが望まれます。

夢を語り合える学級

キャリア・パスポートへの記録だけがキャリア教育を充実につながるわけではありません。教室環境づくりの工夫は，生徒に対して将来への明るい展望をもたせるきっかけになります。

特に，将来の夢を記入して教室に掲示することには大きな意味があります。中学生になると，夢を語ることを恥ずかしがる傾向があります。だからこそ，仲間の夢を認め，励まし合いながら実現に向けた努力をするような人間関係を形成する意義があります。教室に生徒の夢が掲示してあり，生徒同士が夢を語り合えるように，希望と安心に満ちた教室をつくりましょう。

ステップ

5

保護者・他学級へ発信しよう

学級通信で保護者へ発信

教室環境を整えていく過程や結果については，学級の生徒以外の人達に積極的に発信します。教室環境には，学級の雰囲気や生徒の考えた成果や成長の姿が反映されています。したがって，教室環境の様子を発信することで，生徒の学びの成果が広く共有されます。

まずは，保護者に対して学級通信で発信します。右は，掲示用の学級目標について，制作過程から完成までの様子を学級通信の裏面に掲載し，写真入りで紹介しました。

2019年5月9日（木）　函館市立亀田中学校　3年1組　学級通信「花が咲く」　第6号

力を合わせて傑作完成

3年1組の学級目標「Pizza」の教室掲示用の作品が完成しました。作成したのは，文化班の陽菜さん，莉子さん，ひなさん，花恵さん，栞奈さん，菜々海さんの6名です。

完成した作品は前回の学級通信で紹介しました。見てわかるように，デザインや材料の使い方，色の組み合わせなど，様々な工夫がしてあります。

また，文化班の皆さんはわずか2時間で質の高い作品を完成させるほどの，見事なチームワークでした。その様子も紹介します。

ピザ生地づくり

陽菜さんのデザイン案を基にして，テキパキと分担しながら作業を進めていました。左の写真は，莉子さんと菜々海さんがピザ生地の部分を作っている様子です。ベージュの画用紙で生地，赤でトマトソース，さらに黄色でチーズを表現しました。切り方も工夫しています。

文字は立体的に

「Pizza」の文字の部分は，発泡スチロールで立体的にして目立つように工夫しました。上の写真のようにニクロムカッターで切り，下のようにスプレーで彩色しました。

画用紙で具材を表現

右の写真は，画用紙でピザの具材を切り貼りしている所です。サラミの脂身の部分を白で小さく切り抜くなど，細部までこだわっていました。ピーマンは栞奈さんがはさみとカッターで器用に作り，その技に驚きの声が出ていました。

完成に歓声

円形のピザを切り抜き，模造紙に貼って完成です。完成度の高さに満足できたようです。

最高の掲示物

最後は記念撮影。文字の下のチーズが「とろ〜り」しています。文化班の皆さん，すばらしい作品をありがとうございます。

理想的な働き方

この作品は学活と放課後の2日間で約1時間ずつ作業し，約2時間で完成しました。和気あいあいとした雰囲気の中で，作業を分担し，自分の仕事が終わると他の人の手伝いをするなど，素早く効率的に活動していました。片付けも短時間で終わらせ，完璧でした。

世の中では「働き方改革」が提唱されています。文化班の皆さんの作業は，模範的な「働き方」といえます。

次回（第7号）の予告…修学旅行特集　他（5月17日（金）発行予定）

紹介するポイントとしては，2点を意識しました。1点目はデザイン性で，色合いや材料の組み合わせ，細部までこだわった点などを具体的に取り上げています。

2点目は，作業の効率の良さです。作業を分担しながら段取りよく制作を進めて短時間で完成させた点を評価しました。この例では制作に2時間（学活の時間の50分と放課後に1時間）をかけていますが，スプレーでの塗装と乾燥の時間を含めていますし，作業工程の多さと作品の完成度の高さから考えると，とても効率的に作業をしていたと言えます。

以上の例のように，活動の中で評価できる点を明示しながら，学級通信で作品を掲載しましょう。紹介された生徒にとっては自信がついて自己肯定感が高まるとともに，自分の良い点に気付くきっかけになります。また，保護者にとっては教室環境をよりよくする活動の意義を実感し，学級経営の方針に対する理解が進みます。

廊下の掲示で生徒へ発信

教室環境づくりの工夫は，他の学級の生徒に伝えることも大切です。学年全体の意識の変容につながります。

発信する内容は２つです。１つは，教室環境自体を発信することです。例えば，私は教室にスナップ写真を掲示しています。他の学級の生徒が廊下から様子を見て「楽しそう！」「いいなあ」と感想をもらした時を好機と捉え，「担任の先生に相談してみたら？　画用紙や模造紙にプリントアウトした写真を切り貼りする方法もあるよ」などと助言します。教室環境の工夫をすると他の生徒から注目されるため，そのように活動を広げるのは比較的容易です。

他の生徒に発信する方法の２つ目が，掲示によってどのような活動をしているか知らせることです。使うのは，廊下に面した掲示板です。右の写真は，学活の「共同絵画」という，リレー形式で絵を描く活動で完成した作品です。条件が無言で書くことで使用する道具がクレヨンなので，とても盛り上がる活動です。

このように作品を掲示すると，他の生徒たちの興味を引き，自分たちの学級でも行いたいと思うようになります。廊下側の掲示版の活用法として，他には道徳コーナーを作って意見や感想を紹介するのも効果的です。

他の先生方と実践の共有

教室環境づくりの工夫を行うと，他の学級だけではなく先生方の関心を引きます。そこで，実践の方法や意義，工夫のポイントを積極的に伝えます。活動で使うワークシートのデータを職員の共有ファイルなどに保存しておくと，他の先生方も簡単に実践できるようになります。

注意点としては，活動の概要を事前に他学級へ周知することです。事前に連絡した上で，実際の掲示物や環境整備の工夫を目にすると，他の先生方と実践に関する話がしやすくなります。「自分の学級さえ良ければ構わない」や「他の学級を出し抜きたい」というような独断専行の発想ではなく，「自分の学級をきっかけに学年や学校を変えたい」という先導者としての意識をもって教室環境づくりを進めるようにしましょう。教室環境から学校環境へと実践を拡大できれば，学校全体が生徒にとって居心地の良い空間になり，学校の魅力が増すきっかけになります。

通年掲示＆教室コーナー

第2章

通年掲示 1

学級のきまり

ねらい

一般的に，中学校には様々なきまりがあります。きまりを一か所に集めるねらいは２つです。１つは，きまりを確実に守ることができるようにすることです。もう１つは，きまりの多さを自覚させ，自治的な活動によってきまりを精選する意識を醸成することです。

掲示の工夫

学習のきまり，生活のきまり，そして時間のきまりもすべて１か所に集めます。学校のきまりの多さを実感し，生徒会活動を通して全校できまりの在り方を考えるきっかけにします。

学活での取り扱い

４月の進級（入学）直後に，きまりの内容を丁寧に説明します。学級会などで新しいきまりや行動の指針（例えば「話し合いで積極的に質問しよう」「忘れ物が10個を超えたら掃除を手伝おう」など）が決まった場合，ここに掲示をします。

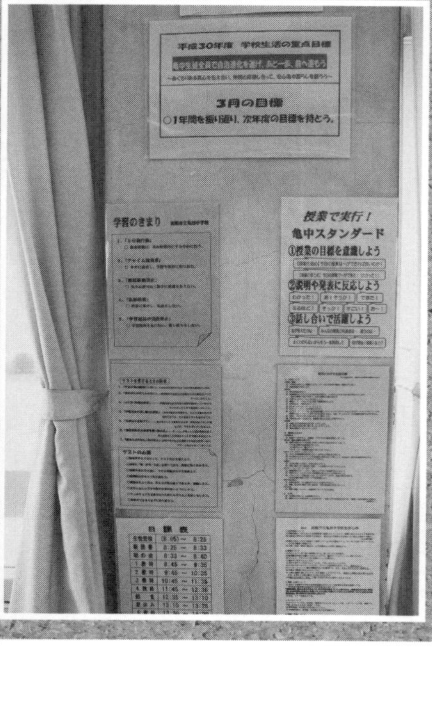

きまりの掲示は，必要性は高くても生徒の関心は低い種類の掲示物です。貼られ続けるとただの飾りとなり，内容に注目されなくなります。そこで，管理の視点ではなく，前向きな気持ちになるようなきまり（行動の指針）を学級で考えるのも効果的です。例えば，小学校で一般的な「ふわふわ言葉」に類する言葉を掲示する方法などが考えられます。

通年掲示 2

毎週（毎日）の目標と掲示物のリンク

ねらい

学校通信・学年通信・学級通信は発行の頻度も内容も異なりますが，学校の教育目標と関連させて作成してある点は共通します。しかし，担当の先生方が相互の関連を意識しているわけではありません。そこで，掲示を工夫し，学級の一週間の目標と連動させます。

掲示の工夫

学校・学年・学級の３つの通信を並べた上で，学級通信の下に１週間の目標を記入するホワイトボードを置きます。目標は，生徒の反省及び通信の内容と関連付けて決めます。目標設定を毎日にすると内容の質が下がり，目標自体が形骸化しやすいので，週ごとの設定を勧めます。

学活での取り扱い

私の場合は週末の帰りの学活で班ごとに反省会議を行い，その中で次週の目標を決めます。毎日目標を決める場合は，毎日の帰りの学活で反省と目標決めを実施しましょう。

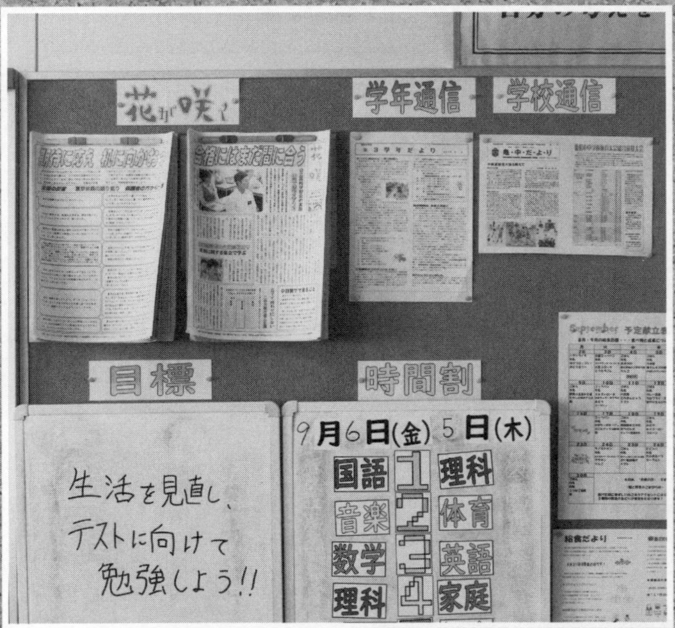

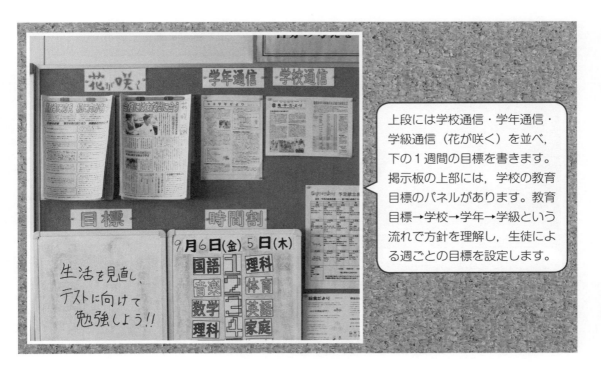

上段には学校通信・学年通信・学級通信（花が咲く）を並べ，下の１週間の目標を書きます。掲示板の上部には，学校の教育目標のパネルがあります。教育目標→学校→学年→学級という流れで方針を理解し，生徒による週ごとの目標を設定します。

通年掲示 3

掲示物にユニバーサルデザイン

ねらい

誰にとってもわかりやすい，ユニバーサルデザインを取り入れた掲示を実践することで，生徒たちがユニバーサルデザインの重要性を自然と理解できます。そして，生徒が掲示物や作品を制作する時に，ユニバーサルデザインを意識するようになります。

掲示の工夫

学級で保管する道具（ペンや画びょうなど）や牛乳パックの並べ方などは「きれいに並べよう」という言葉だけでは伝わりづらいので，写真を掲示物に取り入れます。また，掲示物の色も工夫します。下の写真の時間割の教科名は，別の場所にある教科連絡と同じ色にしています。

学活での取り扱い

４月の学級開きで，ユニバーサルデザインについて説明します。写真を掲示物に取り入れると見慣れてしまい，整理整頓ができなくなることがあります。その時は写真を差し替えます。

リサイクルするために牛乳パックを教室内で乾かします。実際に生徒たちがきれいに並べた日の写真を撮影し，ラミネート加工をして掲示しています。

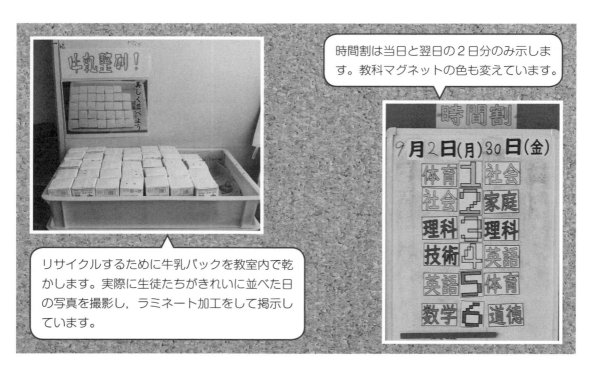

時間割は当日と翌日の２日分のみ示します。教科マグネットの色も変えています。

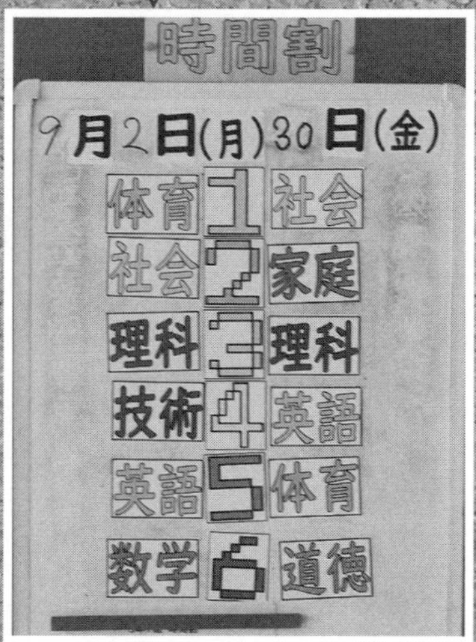

通年掲示 4 必ず通る場所でイベント告知

ねらい

美術館の特別展や演劇など，学校には様々なイベントの案内が届きます。生徒の人数分のチラシがこない場合に，生徒の動線を考えて目にしやすい所に掲示します。具体的には，教室の手洗い場です。給食の前後や休み時間に，多くの生徒が利用する所に貼り付けて注目させます。

掲示の工夫

教室内に水道がない場合は，ドアの手前やドア自体など必ず通る別の場所に掲示する方法があります。また，貼る場所を定期的に入れ替えたり，期日が迫ると「締め切り間近！」などの手書きのコメントを書き足したりすると，見飽きることが減って注目しやすくなります。

学活での取り扱い

朝の会で掲示したことを掲示係（文化班）や教師から連絡します。その日の帰りの会や翌日の朝の会で読んだことを確認したり，締め切りの間際に再度連絡したりします。

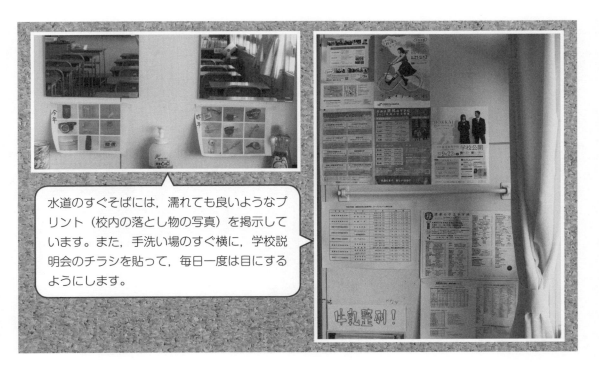

水道のすぐそばには，濡れても良いようなプリント（校内の落とし物の写真）を掲示しています。また，手洗い場のすぐ横に，学校説明会のチラシを貼って，毎日一度は目にするようにします。

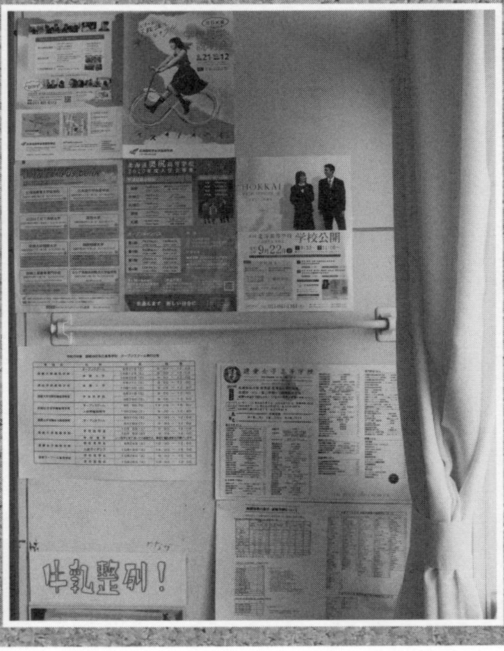

通年掲示

5

給食準備が素早くなる掲示物

ねらい

中学校の給食時間はとても短いものです。本校では，準備と食事の時間を合わせて35分間です。食べる時間を１分でも長く確保し，友達と楽しく給食時間を過ごすために，準備や片付けが素早くできるように掲示物を工夫しています。

掲示の工夫

給食当番は毎日行うものではないので，準備に手間取ることがあります。そこで，食器や食缶の置き方を図や写真で掲示しています。また，当番表には仕事内容を簡潔に書いています。麺類などの盛り付けが難しい献立の時には，献立表に「注意！」などの言葉を追記します。

学活での取り扱い

４月の最初の給食指導で，掲示を見ながら準備するように指導します。また，給食当番の分担を決める時には，仕事の特性（重たいものや盛り付けが難しいもの）を確認します。

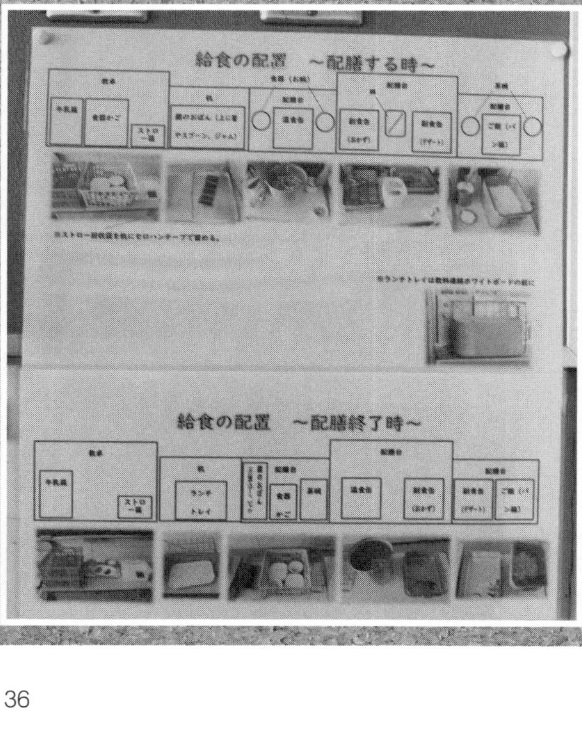

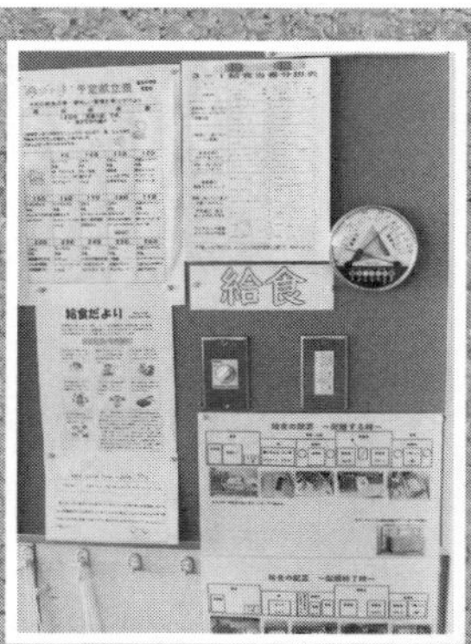

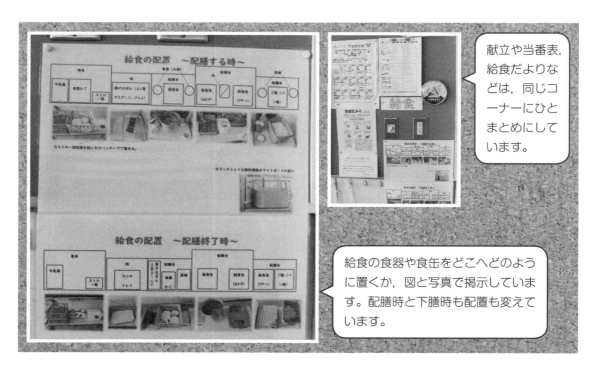

献立や当番表，給食だよりなどは，同じコーナーにひとまとめにしています。

給食の食器や食缶をどこへどのように置くか，図と写真で掲示しています。配膳時と下膳時も配置も変えています。

通年掲示
6
掃除でホテル風メッセージ

ねらい

中学校の清掃活動は放課後に行うことが一般的です。生徒は「早く帰りたい」という気持ちが強く，掃除が雑になりがちです。また，当番が丁寧に掃除をした場合も，他の生徒はその工夫に気付きにくいものです。活動内容の可視化と共有化をねらいにしています。

掲示の工夫

ホテルの客室に置いてある，清掃員の方のメッセージを参考にしました。掃除当番終了時の反省の内容から，当番以外の生徒に一番伝えたいことを考えて記入します。記入量が多くなると当番の負担が増して終了時刻が遅くなるので，メッセージは端的に書くように伝えます。

学活での取り扱い

掃除当番の反省の後に，当番の代表者にカードを記入してもらいます。記入した内容については，翌日の朝の学活で紹介したり，翌日の掃除の参考にしたりするなど幅広く活用できます。

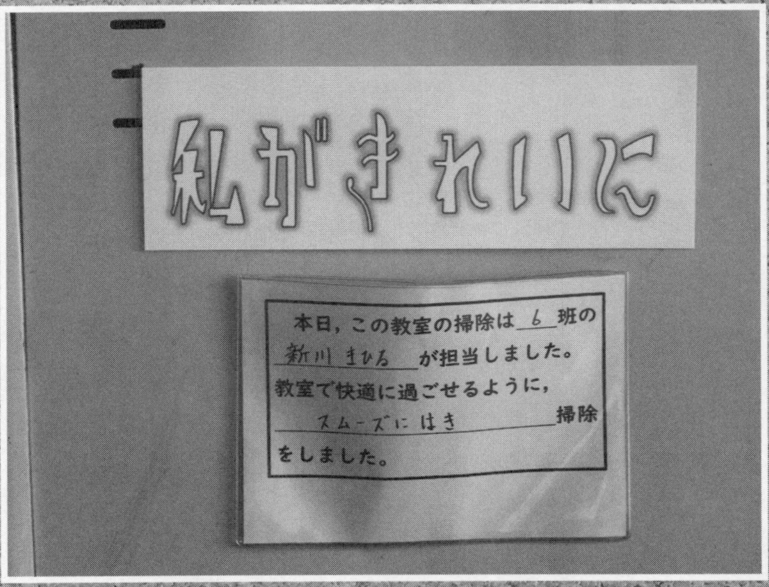

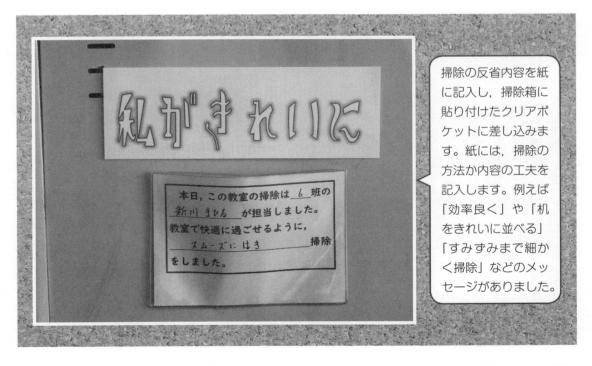

掃除の反省内容を紙に記入し，掃除箱に貼り付けたクリアポケットに差し込みます。紙には，掃除の方法か内容の工夫を記入します。例えば「効率良く」や「机をきれいに並べる」「すみずみまで細かく掃除」などのメッセージがありました。

教室コーナー 1

クラスの歴史がわかる！スナップ写真コーナー

ねらい

生徒の写真を撮る先生は多いと思います。その写真の中から印象的なものや成長を感じるものをプリントアウトして教室に掲示することで，生徒は自分や仲間の成長を実感できます。また，教室が華やかになり，写真を見ながら会話が弾むきっかけになります。

掲示の工夫

麻ひもの両端を画びょうで刺し，クリップで写真を止めます。左側から４月の分を掲示し，次第に増やしていき，３月の分で教室の背面が埋まるように調整します。授業中に目に入って生徒の気が散らないように，写真は教室の後ろ側に掲示しています。

学活での取り扱い

最初は４月の自己紹介の写真を全員分掲示し，ねらいを説明します。その後は月１～２回のペースで追加します。安全のために麻ひもは教師が吊るし，クリップ留めは係に任せます。

月別に学校行事や普段の様子の写真を掲示し，成長の姿を可視化します。写真の他に月の表示も同じサイズで印刷して掲示します。

木のクリップに２種類のマスキングテープを貼って交互に使い，カラフルさとオリジナリティを出すようにしています。

教室コーナー 2

成長がひと目でわかる！集合写真コーナー

ねらい

スナップ写真と違い，集合写真は同じような構図とポーズなので，外見の変化や写真からにじみ出る学級の雰囲気を感じ取りやすいものです。集団としての成長を捉えやすくなります。

掲示の工夫

私の学級では，廊下側のコート掛けの上に写真を並べます。給食の配膳を待つ時に，廊下側に列を作って並ぶので，待ち時間が楽しくなる効果があります。この写真を見ながら思い出話に花を咲かせる姿が見られます。他に，デジタルフォトフレームに表示させる方法もあります。

学活での取り扱い

最初の集合写真（本校では学校の桜の木の下で４月に撮ります）を撮影する際に，節目ごとに集合写真を撮ることと，同じポーズで撮り続けることを説明します。ポーズは，学級の数字（１組なら「１」）や学級スローガンにちなんだものなど，生徒と話し合って決めます。

体育大会や修学旅行（の夜の学級ミーティング），文化祭，終業式など，学校生活の節目ごとに集合写真を撮影し，Ａ４の写真用紙に印刷し，額に入れて並べて掲示しています。

業者が撮影した写真（２Ｌ判）を購入し，コート掛けの上に並べています。

教室コーナー 3

司会が必ず顔を上げる！式次第コーナー

ねらい

ねらいは大きく２つあります。１つ目は，朝や帰りの会で顔を上げて司会進行をできるようにするためです。印刷された式次第が手元にあると，視線が下がってしまいます。２つ目は，司会に慣れてきた段階で式次第を消し，何も見ずに円滑な進行ができるようにするためです。

掲示の工夫

教壇から生徒が見て読める大きさの文字で書くようにします。最初は式次第のセリフをそのまま書きますが，慣れてくると式次第の内容（項目）に変え，さらに慣れた時に消します。

学活での取り扱い

最初の朝の会で，手元に印刷された式次第を用意しない理由として，「皆の方を見ながら進行し，皆も進行役の目を見てほしいから」と説明した上で，慣れてきた（皆が流れを頭に入れた）段階で消すことも伝えます。消してからは，順番が前後しても構わないと伝えます。

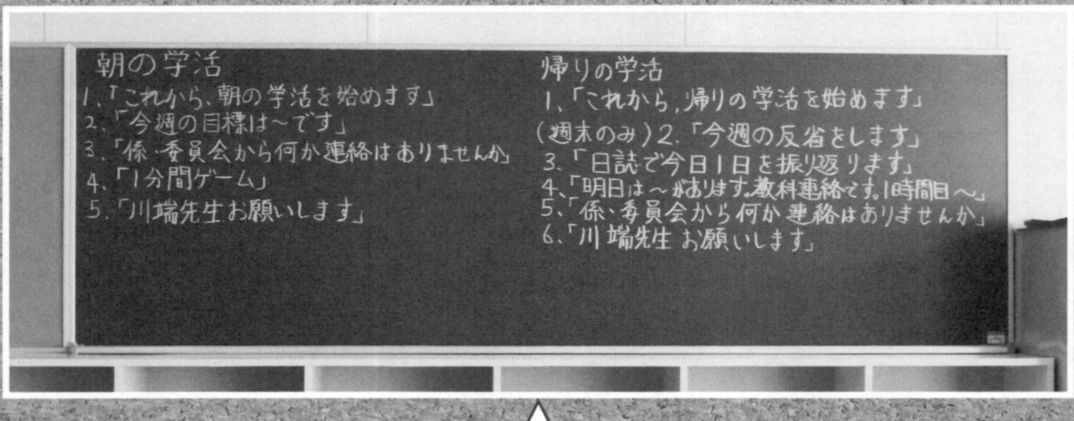

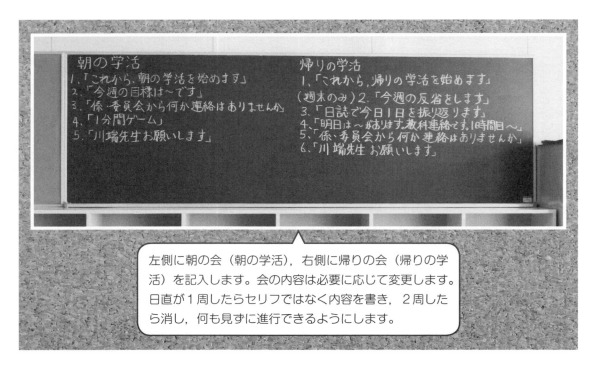

左側に朝の会（朝の学活），右側に帰りの会（帰りの学活）を記入します。会の内容は必要に応じて変更します。日直が１周したらセリフではなく内容を書き，２周したら消し，何も見ずに進行できるようにします。

教室コーナー 4

活発な発言につながる！学級会コーナー

ねらい

学級会で扱う議題や提案理由などをあらかじめ掲示して伝えることで，議論を進める上での共通理解が図られ，学級会で議論する際に論点がずれにくくなります。また，学級会に向けた心の準備ができることで意欲が高まり，活発な発言につながる効果があります。

掲示の工夫

ここで紹介している内容の他に，議題を集めるためのポストなどを設置するのも良いでしょう。学級会コーナーには様々な形式がありますが，『みんなで，よりよい学級・学校生活をつくる特別活動（小学校編）』（文溪堂，2019）が実例写真もあって参考になります。

学活での取り扱い

学級会を行う前に，学級活動委員会が掲示板の議題等を記入します。学級活動委員会とは，委員長などで構成される学級会を準備する学級内の組織です。議長団もここから選出します。

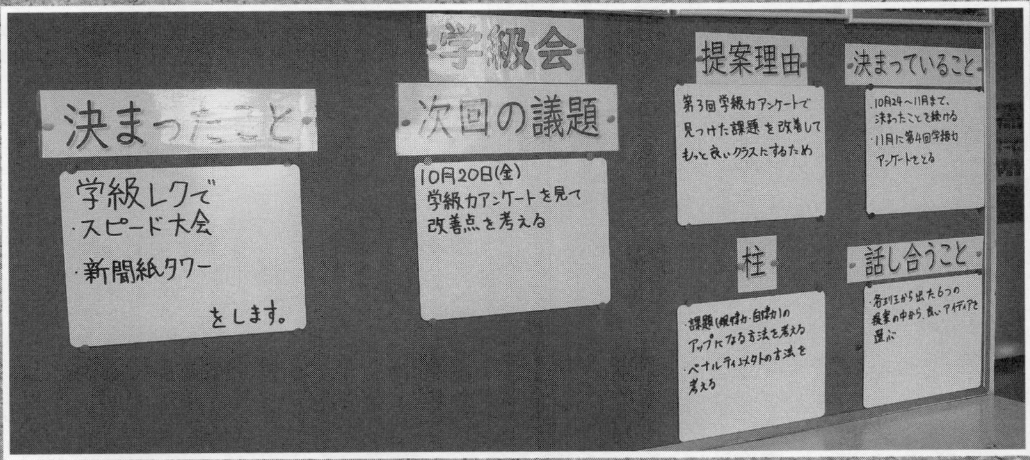

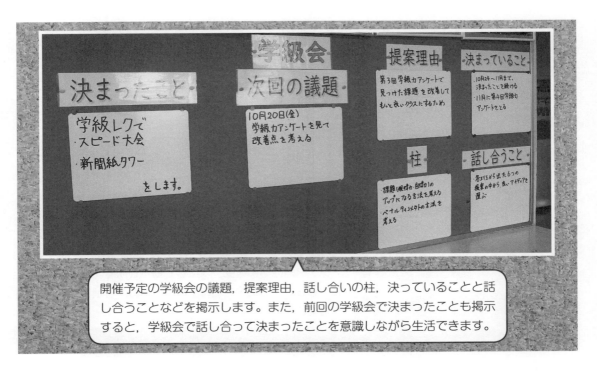

開催予定の学級会の議題，提案理由，話し合いの柱，決っていることと話し合うことなどを掲示します。また，前回の学級会で決まったことも掲示すると，学級会で話し合って決まったことを意識しながら生活できます。

教室コーナー 5

学級を見える化する！
学級のデータコーナー

ねらい

学級の成長の姿と課題を可視化するために，学級についてのアンケートを集計し，グラフで掲示します。参考にしたのは，田中博之先生が提唱する「学級力向上プロジェクト」です。

掲示の工夫

アンケートで明らかになる学級力は，合計で24項目あります（田中博之（編著）『学級力向上プロジェクト』金子書房，2013より）。それらは６つに大別されるので，それぞれのグラフを掲示します。また，回を重ねた場合は，表や折れ線グラフで推移がわかるようにします。

学活での取り扱い

定期的にアンケートを行って，その結果を学活の時間に分析したり，学級会で課題の解決方法について合意形成を目指したりします。また，個人の意見をしっかりともたせたい場合は，「はがき新聞」に自分の考えを表現させて掲示する方法も効果的です。

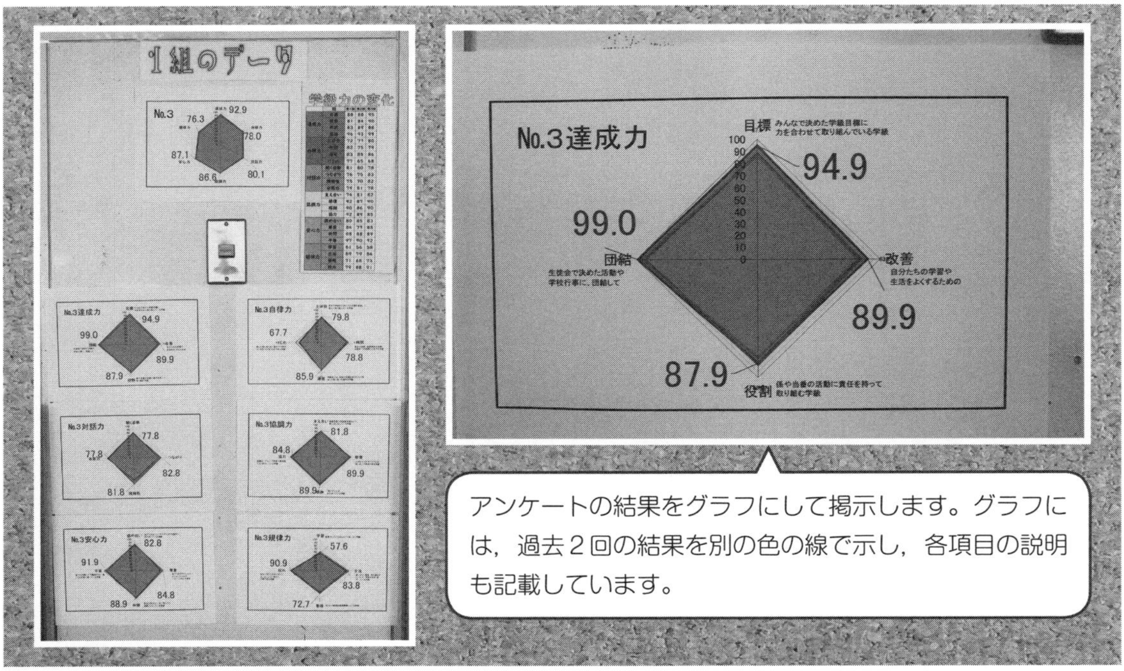

アンケートの結果をグラフにして掲示します。グラフには，過去２回の結果を別の色の線で示し，各項目の説明も記載しています。

教室コーナー

6 主体性が育つ！教科連絡コーナー

ねらい

一般的な教科連絡の方法は，帰りの会で翌日の時間割を確認する時に持ち物を連絡したり，時間割の教科名の横に持ち物を記入したりすることが多いと思います。それだと，係の生徒もメモする生徒も受け身の姿勢になります。そこで，主体性を育むために掲示を工夫します。

掲示の工夫

教科別の連絡コーナーを作り，それぞれの担当者が記入するようにします。責任感が生じ，先を見通した連絡が増え，伝わりやすくするために色や文字の大きさを工夫するようになります。他の生徒たちは，前日に限らずに自分のタイミングでメモを取ることができます。

学活での取り扱い

帰りの会の教科連絡で，各係から記入内容や補足事項を発表します。発表があるので，万が一の書き忘れにも対応できます。また，工夫のある記入を適宜取り上げてほめるようにします。

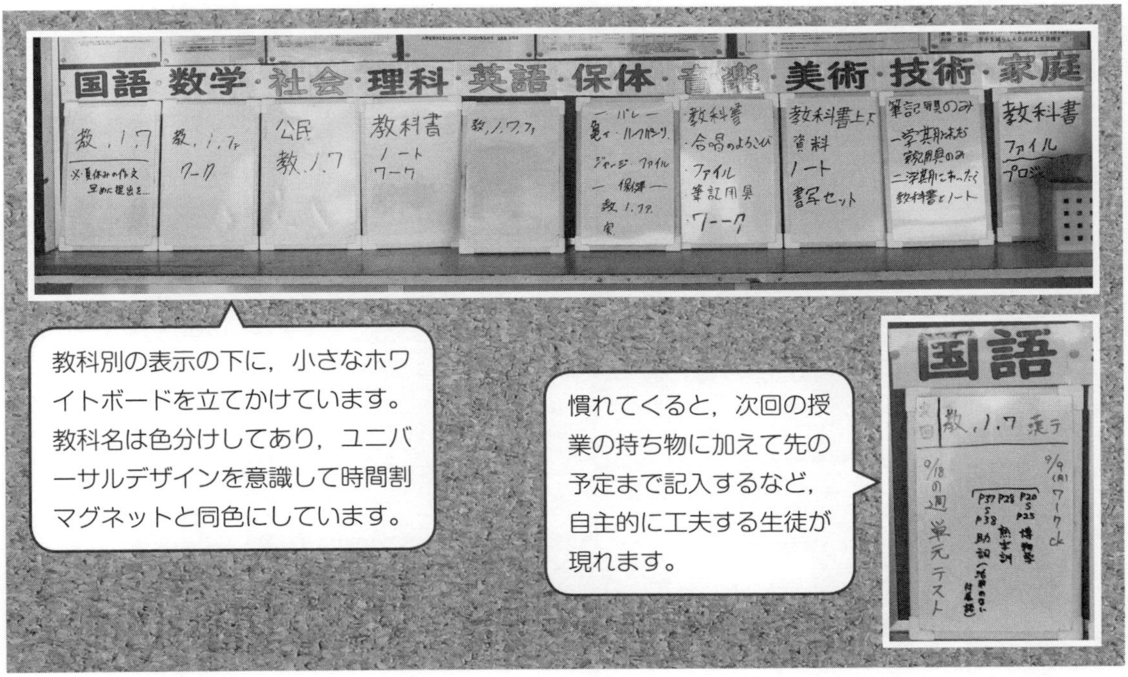

国語 数学 社会 理科 英語 保体 音楽 美術 技術 家庭
教科別の表示の下に，小さなホワイトボードを立てかけています。教科名は色分けしてあり，ユニバーサルデザインを意識して時間割マグネットと同色にしています。
慣れてくると，次回の授業の持ち物に加えて先の予定まで記入するなど，自主的に工夫する生徒が現れます。
国語

教室コーナー
7

議論が広がる！道徳コーナー

ねらい

道徳が教科化され，どの学級も同じ教材を扱いますが，道徳は授業展開が多種多様です。その特徴を生かし，道徳に関する議論を広げるきっかけとして，道徳の授業の記録を掲示します。

掲示の工夫

他の学級の生徒からの意見を促すために，廊下に面した掲示板を使います。読み物資料のあらすじなどは省き，授業の中心発問に対する考えと授業の振り返りや感想のみを掲示します。教師の方で打ち込みが手間に感じる場合は，生徒が書いたものを拡大コピーしましょう。

学活での取り扱い

道徳の時間が終わってから，教師が掲示します。掲示してある意見や感想について，他の学級の生徒や学校に来た保護者から反応があった場合には，次の道徳の時間に取り上げます。それによって対話的な学びが促進され，道徳的な価値について深く考えるきっかけになります。

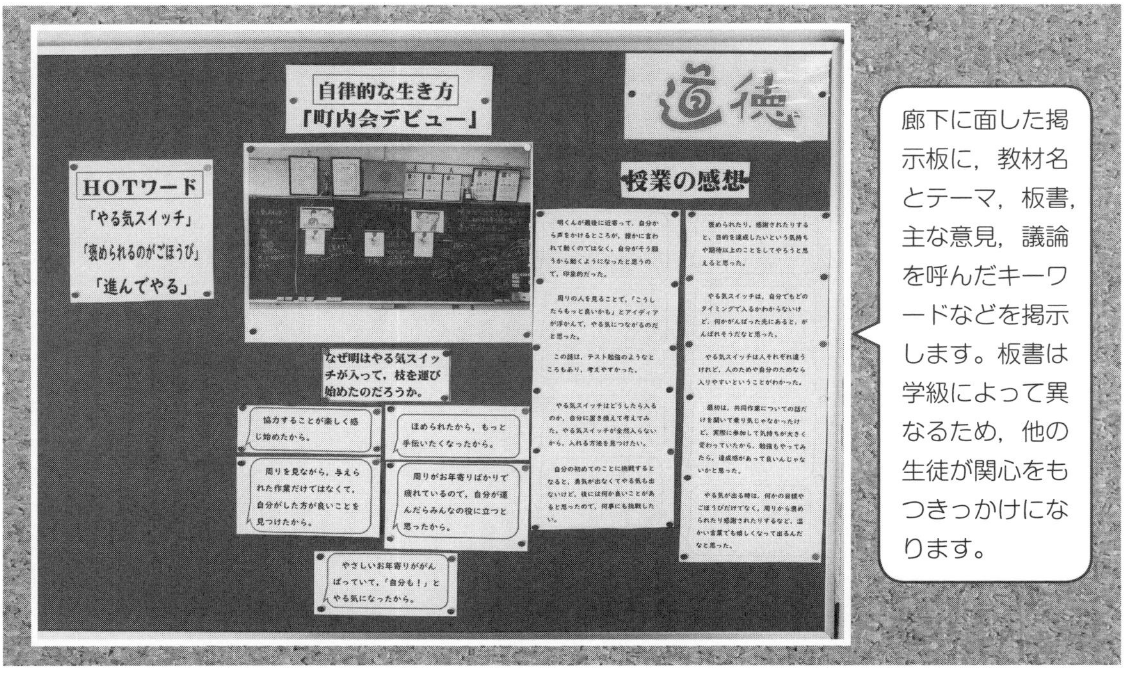

教室コーナー

8

新鮮な気持ちになる！季節のコーナー

ねらい

ねらいは２つあります。１つは，体育大会のような学校行事の前に重点的に取り組むべきことを生徒に自覚させます。もう１つは，七夕のような年中行事に合わせて学級でも活動を取り入れ，季節の移り変わりや時の流れを実感させることです。

掲示の工夫

意気込みを掲示するのはごく一般的ですが，いつまでも貼り続けると生徒の印象に残らなくなります。私の場合は，掲示の場所と時期に工夫をします。教室の１か所（黒板横）を季節のコーナーとして，時期を区切って貼り換えます。生徒は自然と注目し，関心と意欲を高めます。

学活での取り扱い

用紙への記入は，学活の時間に行います。時間の確保が難しければ，朝の時間を活用します。模造紙への貼り付けやタイトルの記入は，昼休みや放課後に係の生徒と一緒に行います。

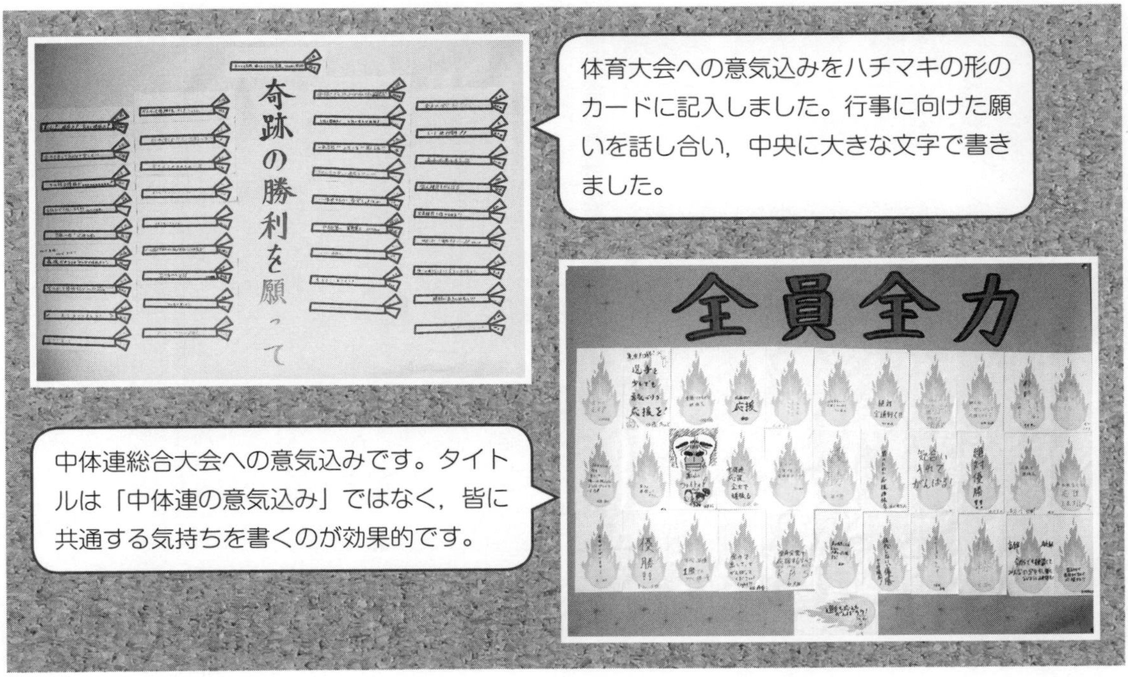
奇跡の勝利を願って
体育大会への意気込みをハチマキの形のカードに記入しました。行事に向けた願いを話し合い，中央に大きな文字で書きました。
全員全力
中体連総合大会への意気込みです。タイトルは「中体連の意気込み」ではなく，皆に共通する気持ちを書くのが効果的です。

教室コーナー
9

毎日が楽しみになる！カウントダウンコーナー

ねらい

学校行事や定期テスト，卒業式など学校生活で大きな節目となるイベントまでの日数を掲示します。ねらいは，行事への意欲を高め，計画的に準備を進めるように促すことにあります。

掲示の工夫

教師が数字をプリントアウトしたものでも構いませんが，時間があるならば生徒に手作りをさせましょう。作成段階から行事等への関心を高めることができるからです。また，見る側も教師の作品より，仲間の生徒が手書きで仕上げた作品の方が，注目して見るようになります。

学活での取り扱い

卒業や学級の解散までのカウントダウンカレンダーは，最後のカウントダウンになるので時間をかけて丁寧に作らせることを勧めます。他の場合は，準備の時間などに短時間で仕上げるようにしましょう。

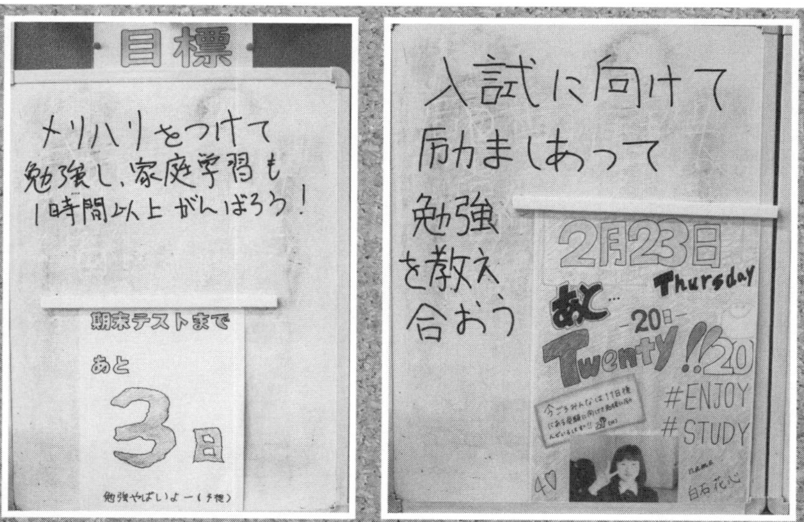

左側は，テストまでのカウントダウンです。右側は卒業までのカウントダウンカレンダーで，本書（pp.120-121）で紹介しています。

教室コーナー
10 がんばりが伝わる！部活動コーナー

ねらい

部活動に熱心に取り組む生徒は多いものの，同じ部に所属する生徒以外は活動の様子があまりわからないものです。そこで，掲示物を通して部活動に対する理解を深めるようにします。また，部に所属する生徒は，他の部と比較しながら自分の活動を客観視できるようになります。

掲示の工夫

部活動の大会やコンクールの後の他，先輩が引退した時，入部してすぐの時期など，節目の時期に合わせて部活動での努力や喜び，悔しさ，成長を感じたことなどを記入し，写真と合わせて掲示します。部活動は他の学級の生徒の関心が高いため，あえて廊下側に掲示します。

学活での取り扱い

部活動に所属しない生徒もいるため，用紙への記入は個別にお願いします。入賞した生徒や部長になった生徒などには，教師がインタビューしてその内容を掲示する方法も良いでしょう。

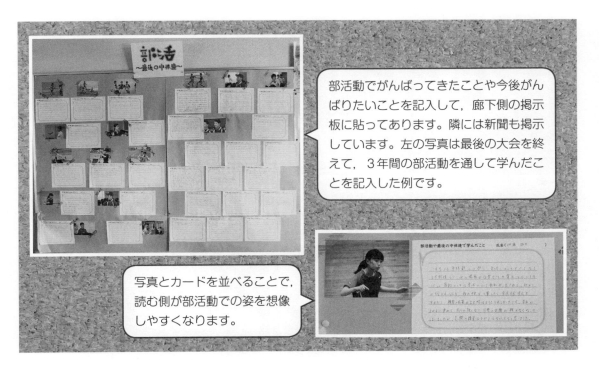

部活動でがんばってきたことや今後がんばりたいことを記入して，廊下側の掲示板に貼ってあります。隣には新聞も掲示しています。左の写真は最後の大会を終えて，３年間の部活動を通して学んだことを記入した例です。

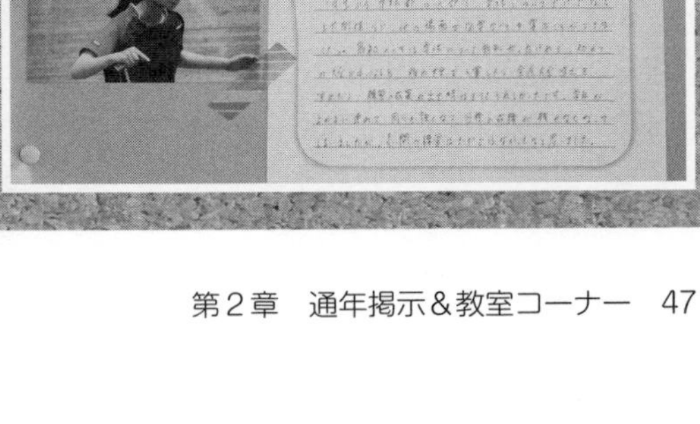

写真とカードを並べることで，読む側が部活動での姿を想像しやすくなります。

教室コーナー 11

やる気がアップする！進路コーナー

ねらい

中学３年生の教室では進路（進学）の情報が多岐にわたるため，整理して掲示する必要があります。１・２年生であれば，進学に限らずに将来の夢など掲示を集めて進路コーナーを作ります。どの学年であっても，先を見通しながら今すべきことを考えさせるきっかけになります。

掲示の工夫

教室前方か，廊下側の横の部分に掲示します。教科連絡と同じく，授業中に目に入る場所に掲示します。それによって，自然と進路に対する意識を高める効果があります。下がコート掛けでフックが余っている場合，そこに各学校のパンフレットにひもを通してかけています。

学活での取り扱い

進路に関する情報は，朝の会で連絡してからこの進路コーナーに掲示します。学校説明会などの案内は，教室後方の別コーナーに掲示します。

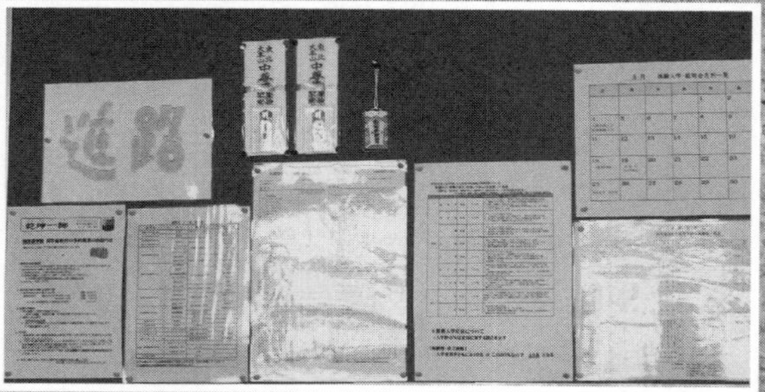

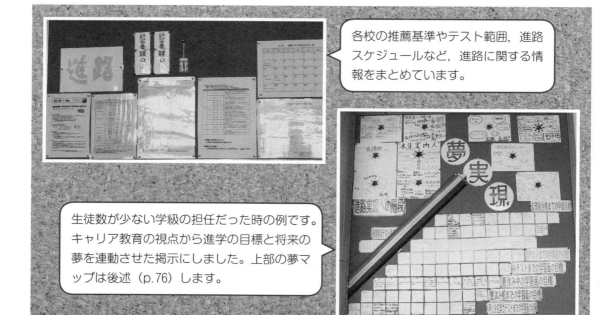

各校の推薦基準やテスト範囲，進路スケジュールなど，進路に関する情報をまとめています。

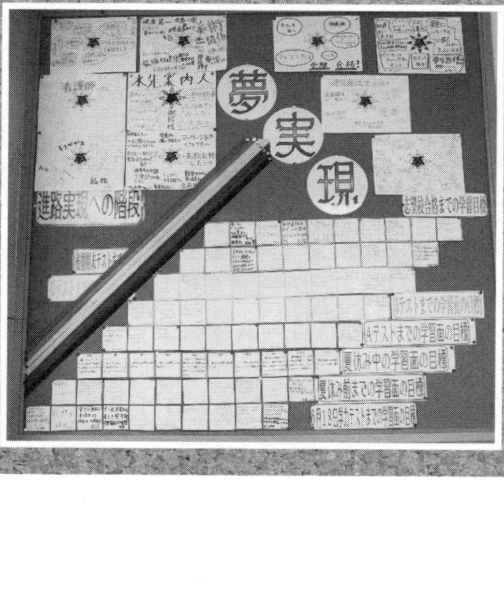

生徒数が少ない学級の担任だった時の例です。キャリア教育の視点から進学の目標と将来の夢を連動させた掲示にしました。上部の夢マップは後述（p.76）します。

365日の教室環境
&活動アイデア

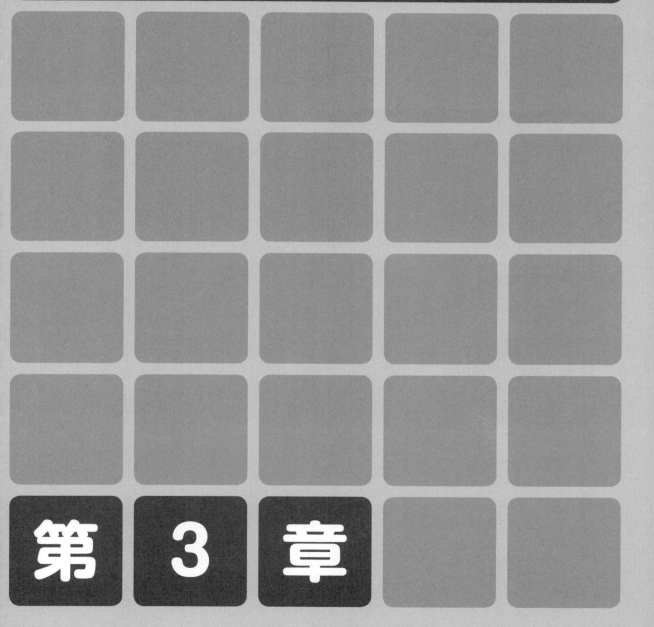

第3章

4月
1 ピクチャーコラージュで自己紹介

ねらい

心理療法のマガジンコラージュ（フォトコラージュ）を応用し，自分の好きなものを紙に切り貼りする作業を通して学級で自分を表現できると自信をもたせます。また，自己開示の一環としての作品を相互に鑑賞することで，お互いの趣味や価値観を肯定して受け入れ，支持的風土を醸成することができます。

準備物

ロッカーのサイズに合わせた紙，はさみ，のり，各自の好きな物のイラストや好きな人物の写真を印刷した物

活動の流れ（50分）

❶レイアウトを考える（5分）

T　今日は用意した画像などを基にして「自分の大好き」を1枚の紙に表現しよう。まずは配置を考えよう。

S　意外と紙が小さくて収まらないかもしれない。

T　何を貼るのかだけではなく，どのように貼るのかも自由だから，重ねて貼っても，もちろん構わないよ。用意した画像から何枚か選ぶ場合は，自分の一番好きな物を大きく切ったり，中心に貼ったりすると良いかもしれないね。

コラージュ療法と異なり，貼り付けたい物は事前に用意させます。この生徒はスマホの写真を用意しました。

作品はラミネートして個人ロッカーの背面に貼ると教室が華やかになり，区別もつきます。

アレンジ　作業の時間がない場合は，実例を含めて作り方を示した上で台紙となる用紙を配布し，各家庭で作らせます。発表や交流の時間がない場合は，毎日の短学活で順番に発表させます。

〈参考実践〉加藤孝正（監修），杉野健二『コラージュ療法（実践ですぐ使える絵画療法）』黎明書房，2011

❷切り貼りして作品を交流する（40分）

T　レイアウトに基づいて実際に切り貼りをしよう。

S　この作業，けっこう楽しい。

S　バランスをとるのが難しいな。

S　先生，他の人の作品を見に動いても良いですか。

T　もちろん良いよ。どんな絵や写真を貼っているのか，切り方や貼り方にどのような工夫をしているか，交流しよう。その時に「変なの」などのマイナスな評価の声かけではなく，良さを見つけるようにしようね。

❸作品の今後の扱いを伝える（5分）

T　せっかく素敵な作品が完成したから学級通信で紹介しよう。そして，ラミネートフィルムで保護してからロッカーの背面に貼ろう。

S　ロッカーの絵が見えるように，整理整頓しようかな。

S　自分のロッカーがわかりやすくなる。

T　実は先生の子どもが通う幼稚園では，靴箱の敷き段ボールに好きなキャラクターを貼って，自分の靴箱がわかりやすくしているんだ。

ここで紹介するのは自分や友人の写真やペットの写真ですが，多いのは好きな有名人やアニメのキャラクター，ブランドのロゴなどです。題材もレイアウトも自由です。

4月

2 入学・進級の決意のはがき新聞

事前指導

はがき新聞づくり

はがき新聞とは，公益財団法人理想教育財団が普及活動を行っているものです。短時間で内容も見た目も優れた作品を完成させることができるため，私は学活の時間に積極的に取り入れています。基本的には作文に代えてはがき新聞を使うようにしています。

簡単とはいえ，事前の準備や指導がまったく必要ないというわけではありません。はがき新聞を活用する際の基本的な流れや指導のポイントを紹介します。

指導のポイント

まずは，はがき新聞の効果を生徒に理解させることが大切です。理想教育財団では「はがき新聞とは学習や生活の中で自分の考えや体験したことを，相手に伝えることを意識しながら，はがきサイズ等の原稿用紙に新聞形式にまとめて完成させます。限られた字数であること，イラストやグラフ等を組み合わせることで，より豊かな表現力を育むことができると同時に，児童・生徒の考えて書く力の向上が期待されています。」（理想教育財団のホームページより引用）と説明しています。

私は，はがき新聞には４つの優れた点があると生徒に伝え，作成の際に意識させます。１点目に，新聞の特色を生かせる点です。見出しがあり，トップ記事やセカンド記事などの内容の軽重をつけることができるので，何が大事か一目でわかります。２点目は作成時間の短さです。はがきサイズなので，30分ほどで完成します。３点目に，表現力が向上します。作文では，文章が冗長になることがあります。しかし，はがき新聞では文字の制約があるため，主張を端的に表現する必要があります。思考が整理されて主張が明確になります。最後の４点目が，デザインの工夫ができる点です。文章表現が苦手な児童生徒も，意欲的に取り組むことができます。

指導の手順

①記事とレイアウトを決める

教科の学習のまとめとしての活用できますが，本書では特別活動の一環として，作文に代えてはがき新聞を使う例を紹介します。まず，教師がテーマを提示します。テーマの例としては「中学校に入学して」や「修学旅行を終えて」などの行事の節目の他，「もっとよいクラスにするために」など，状況に応じて設定します。

生徒はテーマに関連して最も印象に残ったことや伝えたい考えを記事にします。また，新聞に載せたいイラストも考えます。その際の指導のポイントは，誰にどのようなことを知らせたいのか，情報を受け取る側を意識させることです。

記事を決めたら，レイアウトを考えて枠線を書きます。外枠，題字，発行者，トップ記事，セカンド記事などの枠を作ります。定規は必ず使い，必要に応じて色を使うと良いでしょう。

続けて，題字（新聞の名前）を書きます。１～５文字程度の短めで文字を太くし，レタリングや色を工夫させます。題字は，毎号のテーマに合わせて変えても良いでしょう。

②記事を書く

一番伝えたいことをトップ記事にします。記事を書く時のポイントは２つです。１つは，５Ｗ１Ｈを意識しながら，事実を簡潔に書くことです。もう１つは，事実と自分の考えを分けて，感想や決意などを書かせることです。自分の主張が記事に入ることで，成果と課題や今後の目標が明確になります。

慣れないうちは，別紙の原稿用紙やワークシートに下書きをしてから書き始めても良いでしょう。また，書き進まない生徒には教師がインタビュー形式で伝えたいことをメモし，それを渡して参考にしながら書かせるように支援します。

③見出しを付けて色付けする

記事の内容を基にして，一番伝えたいことを見出しにします。「運動会を終えて」などの表現は見出しに書かなくてもわかっていることなので，控えるように指導します。

最後に仕上げをします。色付けをしたり，誤字・脱字をチェックしたり，文字に影や模様をつけたりしましょう。配色の際には，記事の内容と関連させた色使いにすると，紙面全体を通して伝えたいことが明確になります。また，記事の文字をペン書きさせる方法もありますが，時間がかかるのと修正ができなくなるので，あまり勧めません。鉛筆で濃く書かせる方が良いでしょう。

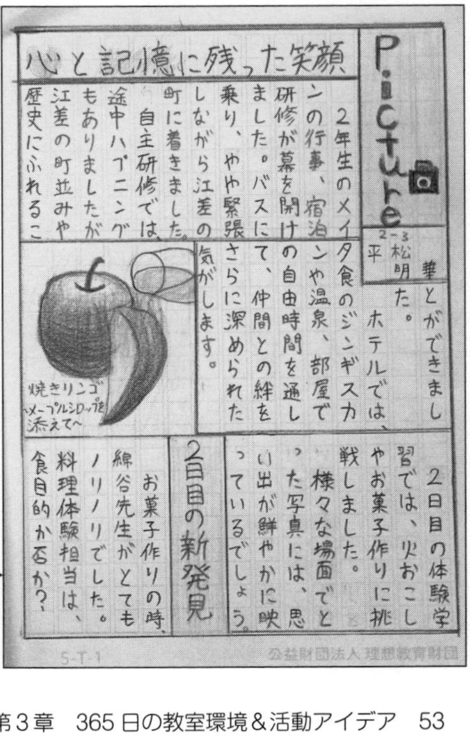

Picture

2-3 平松明華

心と記憶に残った笑顔

2年生のメインの行事、宿泊研修が幕を開けました。バスに乗り、やや緊張しながら江差の町に着きました。
自主研修では途中ハプニングもありましたが江差の町並みや歴史にふれることができました。
ホテルでは、夕食のジンギスカンや温泉、部屋での自由時間を通して、仲間との絆をさらに深められた気がします。

焼きリンゴ
～メープルシロップを添えて～

2日目の新発見

2日目の体験学習では、火おこしやお菓子作りに挑戦しました。様々な場面でとった写真には、思い出が鮮やかに映っているでしょう。

お菓子作りの時、綿谷先生がとてもノリノリでした。料理体験担当は、食目的か否か？

5-T-1　公益財団法人 理想教育財団

２年生の宿泊研修で学んだことをはがき新聞にまとめた例です。見出しを読むと最も学んだことがわかります。また，中段では体験学習で印象に残ったことをイラストにしています。

4 月

2 入学・進級の決意のはがき新聞

ねらい

中学校に入学や進級をした時の不安を減らし，前向きな気持ちで学校生活を送ることができるようにします。そのために，現在の心境や今後の抱負をはがき新聞に表現させます。

初めてはがき新聞に取り組む生徒が多いことから，時数の制限があることや伝えたい内容に軽重を付けること，デザインの工夫をすることなどを理解させ，表現力を養います。

準備物

はがきサイズの原稿用紙，鉛筆，色鉛筆，水性ペン，定規

活動の流れ（50分）

❶抱負を中心に構想を立てる（10分）

中学校への入学や進級した今の心境を基に，記事を書くように促します。

T　中学○年生になった今の気持ちの中で，1番伝えたいことをはがき新聞にしよう。

S　1番伝えたいことがわからない…。

T　1番がんばりたいと思っていることや，心の中で気になっていることを正直に書こう。気持ちを漢字1字にするのも良いよ。クラスの友達や家族など，伝える相手のことも考えよう。

S　それじゃあ，部活のことを書こうかな。

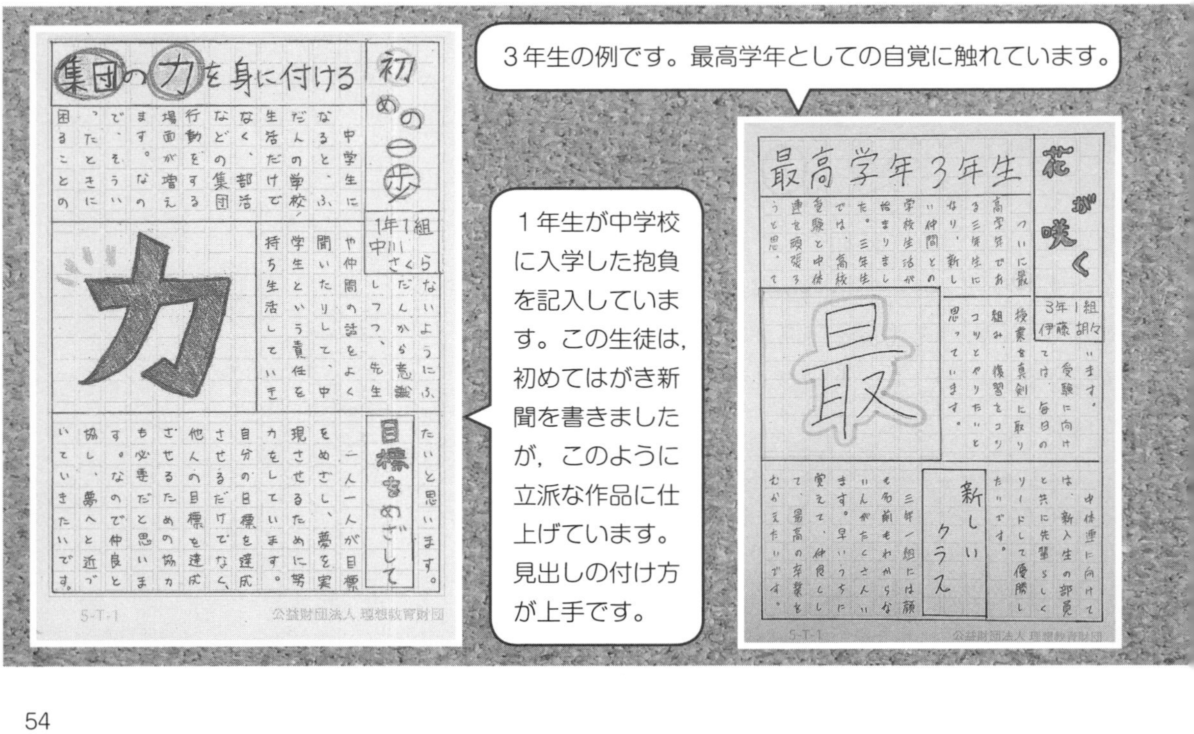

アレンジ 時間を確保できなかったり，時間をかけて丁寧に書きたい生徒がいたりする場合は，持ち帰って書くようにします。交流会の時間がない場合は，掲示して相互に評価させます。

〈参考実践〉『はがき新聞を使った授業づくり―その教育効果と授業実践例』公益財団法人理想教育財団，2012

❷入学（進級）した気持ちと抱負を記事にする（30分）

記事にする内容を決め，レイアウトを書いたら，記事の文を書きます。はがき新聞は字数が限られるので要約する力が必要なことに気付かせましょう。

S　何から書けば良いかわからない。

S　文が原稿用紙をオーバーしそう。

T　１番書きたいことを先に書くと良いよ。それと，事実と自分の気持ちは分けて書くようにしよう。

S　作文より早く書けた！

❸作品をもって交流する（10分）

完成したら，自分のはがき新聞をもって自由に立ち歩き，お互いの作品を読み合って評価する場面を作ります。

S　どうやって交流すれば良いですか？

T　読み合って「良いな」と思うことを伝えましょう。記事の内容や読みやすさ，イラストなどに注目しよう。

S　できていなくても見に行って良いですか？

T　もちろん。友達の工夫した点を参考にすると良いよ。

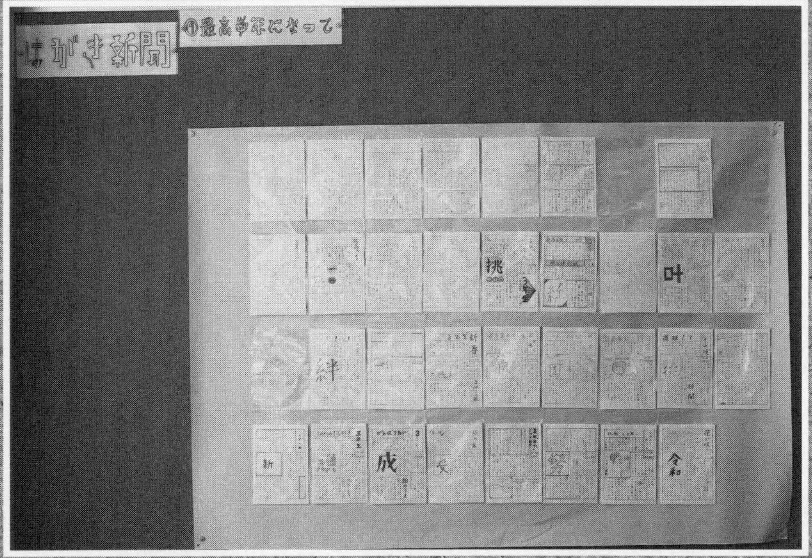

作品の交流会を終えてからも，教室にはがき新聞コーナーを作って掲示します。クリアポケットにはがき新聞を入れ，作品が完成するたびに手前に重ねるように掲示します。学級全員の作品がひと目でわかる上，個人のポートフォリオのように１年間を振り返ることができます。

4月

3 見栄えバッチリの立体的掲示物

事前指導

掲示物作り

掲示物の作成で重要なことは，短時間で見栄えのする作品を仕上げることです。そのためには，事前の計画と準備が不可欠ですし，作成中は効率的な作業を意識させなければいけません。それと同時に，掲示物を作る目的を明確にし，見栄えのする作品を完成させることが学級のためになると自覚させるようにしましょう。

指導のポイント

指導のポイントの前に，学校における係の掲示物の問題点について考えます。画用紙や模造紙に係ごとに掲示物を作るのが一般的でしょう。記入される内容としては，係のメンバーと目標，主な仕事内容や担当者の名前といった所だと思います。しかし，その程度の情報であれば，生徒に手書きで掲示物を作らせる意味はあまりないと言えます。教師が一覧を拡大して印刷・表示しても，特に問題はありません。

それでは，なぜわざわざ掲示物を作るのでしょうか。それは，係で力を合わせて１つの作品を仕上げることで，協力する経験を積ませることにあると考えます。しかし，せっかく協力する機会を設けても，完成したのが模造紙１枚に水性ペンで字を書いただけの物であるなら，達成感はありません。達成感のない活動をしても，協力することの良さは実感できません。

そこで，作り甲斐のある掲示物を目指すように生徒の気持ちを向けさせることが大切です。掲示物作りに対する生徒の意欲を高める方法は，２つあります。

１つは，掲示物コンテストを行うなど競争の原理を取り入れることです（実例は本書 p.90）。競い合うことでより良い作品を目指そうとします。しかし，それは外発的動機付けであり，掲示物の本来の意義を理解させることにはつながりません。

そこで，２つ目の方法として，良い作品を紹介することがあります。見栄えのする掲示物の実例を紹介し，掲示物が注目されると係の活動内容にも関心が高まることや，工夫して作品を仕上げることが協力する力を高めること，自信がついて係活動への責任が強くなることなど，掲示物作りの意義を紹介します。

以上のように事前の指導を行って意欲を高めさせた上で，掲示物のアイディアを考えさせます。このような工夫をすることで，掲示物作りの「やらされている感」が減り，進んで作業に関わる姿勢が見られるようになります。

指導の手順

①デザインを決める

係ごとに集まって，掲示物のデザインを考えます。おすすめなのは，立体的な作品です。なぜなら，係の掲示物といえば画用紙や模造紙など平らな紙に文字をペンで書くのが一般的なので，立体にするだけで注目を集めるからです。

デザインを具体的に考える際には，係の活動内容に合わせたデザインをするのがポイントです。例えば，学習に関する係なら文房具や校舎などのデザイン，給食に関わる係なら給食の献立や調理器具のデザインを取り入れると良いでしょう。

もし教科係で掲示物を作る場合でも，その教科に関連付けたデザインを勧めます。過去には，社会科係で立体的な国会議事堂を作った生徒や，体育係で本物の学校指定Tシャツ（古くなって着なくなった物）を使って掲示物を作った生徒もいました。

②必要な材料と手順を考える

掲示物のデザインを決定してからは，作るのに必要な材料と道具を考えます。基本的には，学校にある物や簡単に用意できる物を材料にするように促します。なお，色を塗る場合は，ペンだと仕上がりのきれいさに欠けますし，絵の具やスプレーだと乾くまで時間がかかります。そこで，基本的には色画用紙を使うようにし，色を塗るのは画用紙とは違う発色にこだわる場合のみにすると良いでしょう。

また，実際の作業に入る前に，誰が何をどのように作るのか，手順を決めることが大切です。係などのグループによる掲示物作りでは，仕事がない生徒が出てしまうことがあります。それは作業効率を下げますし，協力して作業することができず，協調性を養う点では逆効果になります。手先が器用ではない生徒に対しても，できる作業を考えて分担するように，必要に応じて教師が支援をしましょう。手順をまとめた紙を教師がコピーして持っておくと便利です。

③効率的に作業する

掲示物作りが始まってからは，無駄を省いて短時間で作業を進めることが大切です。掲示物作りに充てることができる時間は多くないでしょうし，安易に放課後に作業を行うことは避けたいところです。そこで，準備・制作・片付けを同時並行で行い，手の空いている生徒が他の作業を手伝うように促すのが大切です。

イメージとしては，家庭科の時間の調理実習に近いものがあります。決められた時間内で完成をさせるため，効率の良い活動をさせましょう。ただし，作業が雑になったり，テキパキと作業できる一部の生徒ばかりが作業したりする状況は好ましくありません。教室全体の作業の進捗状況を見極めながら，教師が適宜声掛けをするようにしましょう。

4月 3 見栄えバッチリの立体的掲示物

ねらい

新しいクラスになって初めて，グループで協力する作業が掲示物作りです。話し合ってデザインを決めたり，それぞれの持ち味を生かして作業を進めたりすることで，協力できる関係性を育みます。また，効率良く作業することの大切さを実感させるようにします。

準備物

掲示物のデザインや分担用のワークシート，画用紙，段ボール，のり，両面テープ，ガムテープ，色鉛筆，ペン，はさみ，段ボールカッターなど

活動の流れ（50分）

❶デザインを考える（10分）

係ごとに掲示物のデザインを考えさせます。過去の作品例を見せてイメージを膨らませるようにすると良いでしょう。

T　これまでに皆が見たことがないような，印象に残る係の掲示物を作ろう。

S　ポスターしか書いたことがないから，どうしたら良いかわからない。

T　形を立体的にしたり，情報の見せ方を工夫したりすると良いよ。今までの生徒の例を紹介するから，参考にオリジナルの作品を考えよう。

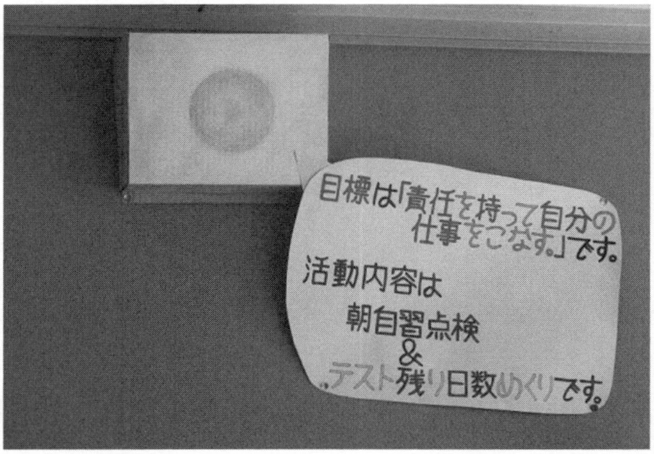

右が本物のスピーカーで，左が段ボールと画用紙で作ったスピーカー風掲示物です。学習係の仕事と目標を掲示しています。スピーカーは灰色の画用紙に鉛筆で黒い部分を描くという力作です。文字も，パソコンのフォントを手書きで真似ました。

アレンジ 学校にない材料が必要な場合や作業に時間がかかる場合，１単位時間では収まらないと思います。その場合は，係決めの後にデザインを考え，次の時間に作業をすると良いでしょう。また，放課後の時間を使わざるを得ない場合も，作業が１時間以内に終わるようにするなど，効率を意識させることが大切です。

❷必要な材料と分担を決める（５分）

必要な材料と，制作する上での役割分担を決めます。

S　珍しいデザインだと思うけど，時間がかかりそうだ。

T　下書きをする人，切り取る人，貼ったり組み立てたりする人などの役割分担をすると良いよ。

S　どういう役割があるかよくわからない。

T　デザインを基に作成の手順を箇条書きにしよう。その手順に合わせて作業を分担してみよう。

❸掲示物を制作する（35分）

作成に入ると，進捗状況が計画とずれることがあります。各係のリーダーに調整を図るように促しましょう。

S　画用紙を切り取るのに時間がかかって，貼り付ける係の仕事がないなあ。

T　各係のリーダーは，作業がなくて暇そうにしている人を見つけたら，他の作業を手伝うように計画を変更しよう。時間配分にも気を付けるんだよ。

S　それじゃあ，切る係を２人に増やして，貼る係は１人に減らそう。

生活係の掲示物です。段ボールと白い画用紙を使い，サイコロ型の立体的な掲示物にしています。上の部分を釣り糸とフックで吊るしています。サイコロ型にしたのは，係の仕事の中に給食時間のサイコロトーキングがあるからです。具体的には，サイコロを振って出た目の話題で会話したり，出た目にそった食べ方（30回噛む，苦手な物も一口食べるなど）をしたりします。

4月

4

1人1役の省エネ掲示物

ねらい

係ごとの掲示物ではなく，１人１係の制度を取っていたり，係ごとの掲示物を作る時間がなかったりする場合があります。その時は，時間の短縮と係の仕事の自覚を両立させるために，１人１枚の紙を記入して掲示する方法があります。ポイントとしては，自分の仕事によって学級がどのように変わるかを意識させることがあります。

準備物

用紙（教師が用意。Ｂ４判を横長に半分に裁断），ペン，布テープ

活動の流れ（20分）

❶係分担をする（５分）

学活の中で係を決めてから，係ごとに集まって分担を決めさせます。完成まで20分程度で終わるはずです。

Ｔ　係に集まって，一覧にある仕事を皆で分担しよう。

Ｓ　一覧にある仕事だけで良いんですか？

Ｔ　もし，クラスのためにした方が良い活動を思いついたり，小学校や去年のクラスでして良かったと思う活動があったりしたら，増やしても構わないよ。

Ｓ　よし！　忘れ物点検係をつくろう。

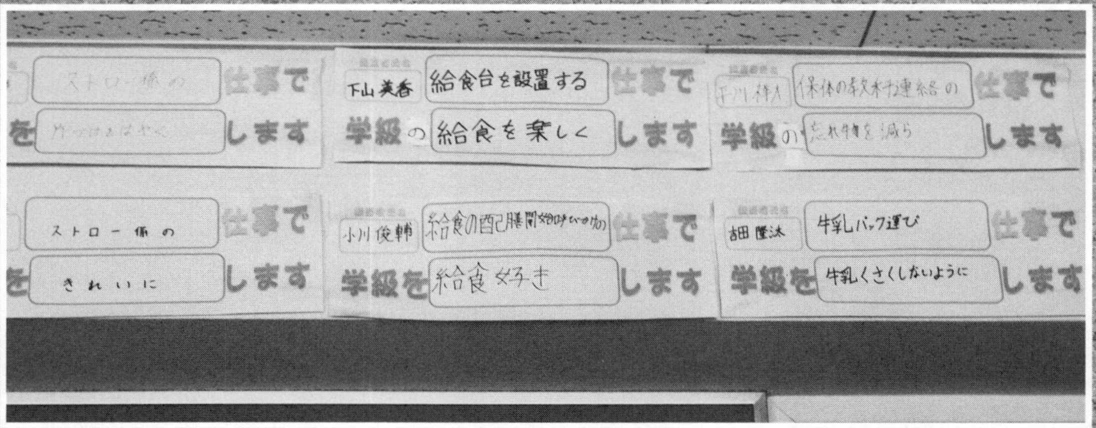

係の仕事内容は，教室の廊下側の上部，掲示板とドアの間に貼っています。作成時には遠くから見てもわかる文字の大きさにするように指示します。時間が経つと紙がゆがんでくるので，画用紙を台紙にして，その上に貼るのも良いでしょう。

アレンジ ここで紹介したのは，20分ほどで完成する例です。時間に余裕がある場合は，係で集まった時に，必要な仕事や不要な仕事を考えさせる方法があります。また，係活動が実際に始まると，改善の必要性を感じることがあります。その場合は再度係で集まって話し合わせ，活動内容やねらいを修正し，それに合わせて掲示物も作り変えると良いでしょう。

❷係の目標と活動内容を書く（10分）

T　分担が決まったら，この紙に氏名と担当する仕事，そしてその仕事をがんばってクラスをどのように変えたいかを考えて記入しよう。

S　「どのように変えたいか」って，よくわからないな…。

T　どんな仕事にも意味はあるから，ただ仕事をこなすのではなくて，丁寧に行ったり工夫をしたりすることで，クラスに良い影響があるはずだよね。それを考えよう。

S　号令で，クラスにけじめをつけよう。

❸活動内容と目標を発表する（５分）

T　それでは，係ごとに活動内容などを発表してもらうよ。

S　整備班の〇〇です。僕は個人ロッカーの整理・整頓の声かけをします。良い使い方の例を紹介することで，みんなが気持ちよく教室で過ごせるようにします。

S　私は生活班で，チャイム前着席の担当をします。ただ呼びかけをするだけではなく，自分で時間を見ながら行動できる人を増やします。

教科係の例です。担当する教科を好きになってもらうなどのねらいが書いてあります。なお，壁に穴が開くので画びょうは使いません。

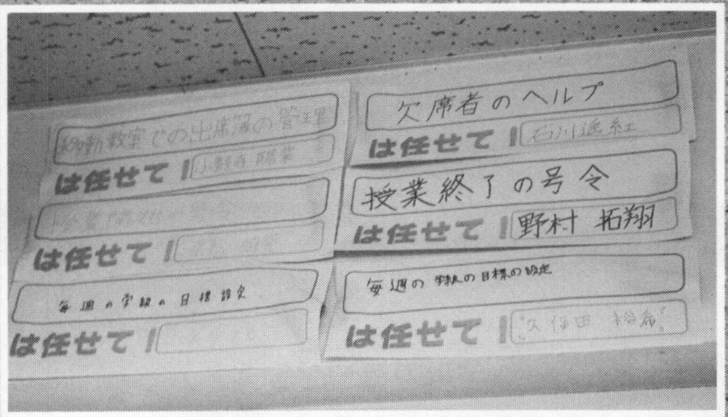

時間を短縮したい場合は，仕事内容と担当者だけを記入する方法もあります。ただ，これだと教師が一覧表を作成して掲示する方法とあまり変わりがありません（見やすさは違います）。

5月

5 学級に誇りをもてる学級目標

事前指導

学級目標の決定

学級目標の決め方には，いくつかの方法があります。大切なのは，生徒が目標を意識し，目標の達成に向かって学校生活を送ることができるようにすることです。逆に陥りがちなのが，目標を立てて終わりになってしまう例です。

掲示用の学級目標も同じです。作って終わりにして，風化させてはいけません。折に触れて目標について考えることができるように，印象に残る作品に仕上げましょう。

指導のポイント

学級目標を決める時のポイントは，２点です。１点目は，学校に関わる人がもつ学級に対する願いと関連させることです。具体的には，教育基本法などの法令，学校の教育目標，学年の重点目標，そして学級担任の願い，保護者の願い，地域の方々の期待などと関連させることです。生徒の希望だけでは，他の教育活動と学級目標がずれるおそれがあります。そこで，学校に関わる人々の願いと生徒の願いを一致させる形で学級目標を考えるようにします。

なお，特別活動においては，教師の願いを「学級目標」，生徒が考える目標を「学級スローガン」と呼んで区別する場合もあります。私の場合はその区別とは異なり，生徒と共に考え，生徒に決めさせるスローガンを学級目標と位置付けています。

学級目標を決めるポイントの２点目は，生徒の手によって民主的に決定することです。学級会などの方法が望ましいでしょう。学級会については，議長団を務める学級活動委員を中心に準備をし，議論の進行から決議までを生徒主導で決定できるように準備することが大切です。

学級目標が決定したら，掲示物の作成に移ります。放課後の時間で作業する場合，生徒も教師も忙しく，時間の確保が難しいと思います。効率的に作業することを意識し，遅くても５月の初めまでには掲示物を完成させましょう。学級目標も掲示物も，生徒の手で工夫をしながらつくり上げることで，生徒たちは誇りをもつようになります。

指導の手順

①学級目標の案を募集する

学級目標の案を募集する際には，前述のように担任が願う学級の姿や学校の教育目標を伝えます。その上で，１人１人の生徒がどのような学級にしたいかという希望と，それぞれの願いを満たすような学級目標のアイディアを募集します。

スローガン型の目標の場合は，印象に残る表現になるようにします。また，目標に込めた意味も必ず説明させます。

②学級会で決定する

生徒から集めた案を基に，学級会で目標を選定します。学級会の前に学級活動委員会（委員長や班長で構成される委員会）で打ち合わせを行います。初めての学級会なので，綿密な打ち合わせが必要です。その中で議事進行の流れを考え，原稿を作ります。また，考えられる質問や意見が出ない場合の対応，逆に議論が脱線しそうな時の対処法などを想定します。さらに，提案理由や討議の柱，学級会の中でのめあてを決めます。なお，学級目標の案については一覧にして，事前に学級会コーナーに掲示しておくと良いでしょう。

学級会ではそれぞれの案の良い点と心配な点について意見を出し合い，学級目標の候補を絞ります。１つに絞り切れない場合は，各案を比べながら賛成意見を出した上で，多数決で決定します。担任は事前の準備に力を入れ，学級会の最中にはできるだけ発言を控えましょう。

③学級目標のデザインを決める

学級目標が決まってから，掲示用の学級目標のデザインを募集します。

デザイン案が集まったら，その中から採用する案を決めます。学級会が望ましいのですが，時間に限りがある（４月に何度も学級会を開く余裕がない）ため，私の場合は投票にします。出されたデザイン案に番号を付けて掲示し，良いと思うものを３位まで投票し，１位３点，２位２点，３位１点で集計します。投票は休み時間に行うと効率的です。他に，作成担当の係に決めさせるという方法もあります。

実際の作成は，特定の班に任せる方法やボランティアを呼びかける方法があります。有志の場合は，放課後の作業になります。学活の時間に作業する場合は，係の掲示物の作成の時間を利用し，各係から学級目標作成チームを選抜し，係の掲示物作りと並行して行います。

掲示用の学級目標の例です。挑戦する気持ちを青空にかかる虹として表現しています。文字は「みんな」が画用紙，「GU」「AU」が発泡スチロール，「37＋１～」が習字です。右側には雲をイメージして生徒全員の顔があります。各生徒が描きました。

5月

5 学級に誇りをもてる学級目標

ねらい

学級目標の掲示物を工夫することで，学級目標と学級自体への関心を高めます。また，学級目標の掲示物は教室の顔となる作品なので，工夫して作ることが生徒の自信と誇りになります。効率を意識させながら，１年経っても輝きを保つような作品にしましょう。

準備物

デザインと作業工程をまとめた用紙，模造紙，画用紙，両面テープ，発泡スチロール，絵の具，スプレー（発泡スチロール用。ラッカースプレーは溶けるので厳禁）

活動の流れ（50分）

❶作業の手順を確認する（５分）

学級目標の掲示物はサイズも生徒のこだわりも大きいため，時間がかかります。誰が何を使ってどういう順番で作るか，段取りを確認することが大切です。

特に絵の具やスプレーを使う場合は，乾燥に時間がかかるので最優先で作業を進めるか，塗装したパーツの貼り付けを後日行うかのどちらかにしましょう。

また，何かを見たりなぞったりしながら作成する場合は，必要な物を教師が準備しておきましょう。

走る人の部分は，生徒10人と担任の写真をPCで合成して作りました。中央の「全力疾走」と左側の「最高の学級」は発泡スチロールです。「柱」の字は円柱型の発泡スチロールの上に紙を貼り，墨で文字を書きました。

手形と習字はよくある工夫ですが，「自進」は人文字です。生徒が多い場合は，立った状態での人文字を使うと良いでしょう。

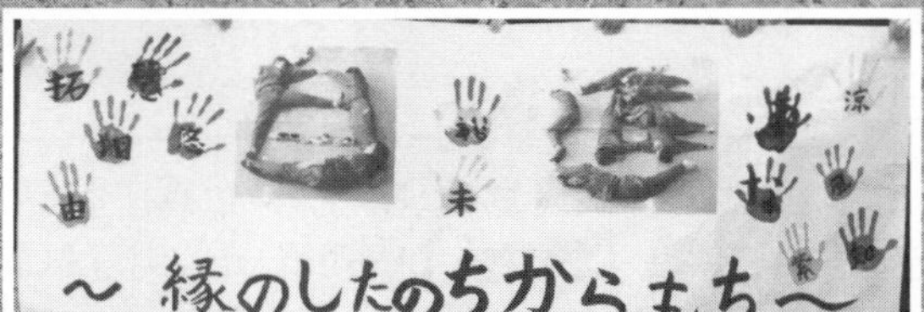

アレンジ　作業の時間が足りない場合は，放課後に作業を行います。その場合も作業終了時刻を決め，短時間で作業が完了するようにしましょう。

〈参考実践〉学級目標の決め方や学級会の進行の方法については，文部科学省他編『みんなで，よりよい学級・学校生活をつくる特別活動（小学校編）』（文溪堂，2019）を参考にしました。

❷分担して作業を進める（40分）

掲示物の作成は，基本的には下書き・切り取り・色塗り（塗装）・貼り付け（組み立て）の４つの作業しかありません。パーツごとの分業が良いのか，作業ごとの分業が良いのかはデザインによって異なります。

教師は作業の進捗状況を見ながら，道具の不足を補ったり，リーダーに手順の変更を検討させたりするなど，的確に助言を行いましょう。ただし，掲示物作りは楽しく作業するのが肝心です。作品の良さを見つけてどんどんとほめましょう。

❸完成して組み合わせる（５分）

分担して作成していた掲示物のパーツを貼り合わせて完成させます。完成したら，作成したメンバーや学級全員で記念の集合写真を撮影すると良いでしょう。

また，掲示物のデザインから準備，分担しながらの作業，そして完成までの様子を写真に収めておきましょう。その様子を学級通信で紹介すると，保護者に学級目標を周知することができます。生徒も通信を読むことで学級目標への愛着が増し，達成への意欲が向上します。

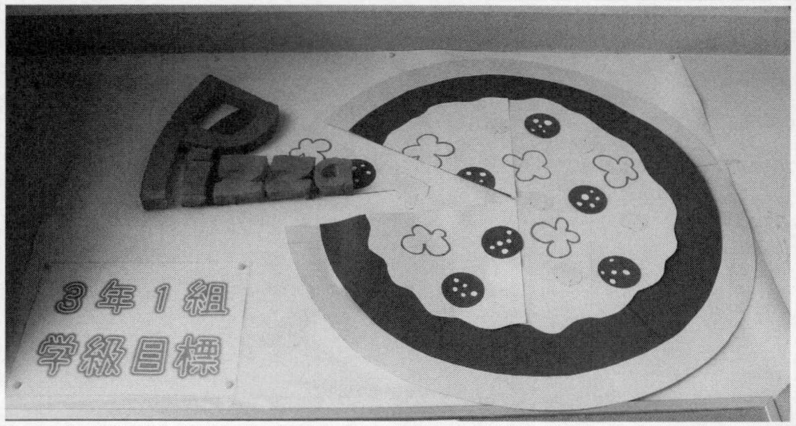

学級目標「ピザ」をかたどった掲示物です。ピザの絵はすべて色画用紙です。ピーマンも切り抜きました。「Pizza」の文字は発泡スチロールをニクロムカッターで切り，オレンジのスプレーで塗り，両面テープで貼り付けました。たった６人で，２時間という短時間で完成した力作です。

5月 6 旅の意義を振り返るはがき新聞

ねらい

修学旅行の思い出を作文ではなく，はがき新聞にまとめます。イラストを描くことができる点や，たくさんの思い出の中から特に印象に残った点や成長できたと思う点を選んでまとめることで，修学旅行の意義を実感できるようになります。行って終わりの旅にしない工夫が大切です。完成した新聞を旅先でお世話になった人に送るのも良いでしょう。

準備物

はがきサイズの原稿用紙，鉛筆，色鉛筆，水性ペン，定規，修学旅行で集めた資料

活動の流れ（50分）

❶はがき新聞の構想を立てる（10分）

T　修学旅行で学んだことをはがき新聞にまとめよう。

S　誰に向けた内容にすれば良いですか？

T　帰りを待っていた保護者の方に向けて，旅行で見聞きした中で特に思い出に残っていることを書こう。他にも，自分で成長したと思うことを書こう。

S　文字だけだと上手く伝わらない。

T　見学地の風景や建物を思い出して，絵に描くのはどうかな？

S　パンフレットの写真を参考にしよう。

仙台
吉田龍翔
猊鼻渓 舟下りの旅
猊鼻渓の舟下りでは，川の水がすきとおっていて流れがとてもゆるやかでした。
上の方には五個百円で運玉が売っていて，それを穴に投げると願いがかなうらしい。ちなみにおれは入っていない…
中尊寺
中尊寺は平成二十三年に世界文化遺産に登録されました。
本堂は，中尊寺の中心となる建物で明治四十二年に再建されました。
昔から伝わる法要儀式の多くはここで勤められている。
~おまけ~
ホテルでのこと
北村くんが具合が悪くて，自由時間ズーーッとホーーッとしてた。

修学旅行
Learn and Run!!
3-1 川瀬ひな
私はこの修学旅行でたくさんのことを学びました。そして，クラスの友達との絆を深めることができてとても良い旅行になりました!!
猊鼻渓の舟下りは大自然の中，ゆっくり舟で散策してとても気持ち良かったです!!添乗員さんも面白かったです。
Memory
私が修学旅行で一番思い出に残ったのは，部屋班の人たちとたくさんおしゃべりして，友情を深められたことです!!
もう一つは，うみの杜水族館です。特に一番大きな水そうにはすごく感動しました!!イルカもとてもとてもおもしろかったです!!

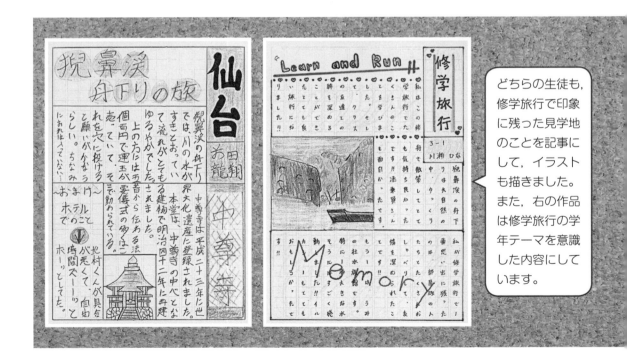

どちらの生徒も，修学旅行で印象に残った見学地のことを記事にして，イラストも描きました。また，右の作品は修学旅行の学年テーマを意識した内容にしています。

アレンジ　今回紹介したのは，修学旅行全体を振り返ってはがき新聞にまとめた内容です。作文に代えた活用法といえます。他にも，修学旅行の班別研修や体験学習，調査活動など個々の内容のまとめにはがき新聞を使う方法が考えられます。はがき新聞はより大きな用紙があるため，はがき大だと字数が足りない場合も，その大きい用紙を活用しましょう。

❷記事を書く（30分）

T　構想に合わせて，記事を書き始めよう。

S　修学旅行で成長したのは，どんなところかなあ。

T　自分の成長だけではなく，クラスみんなの成長について気付いたことがあれば書こう。

S　レクでみんな仲良くなったことを書こう。

S　見学地の絵が上手に描けない…。

T　美術のデッサンの授業ではないから，自分の心に残っている姿をそのまま描く方が，思いが伝わるよ。

❸旅行で学んだことを交流する（10分）

T　完成した作品を交流しよう。自分の工夫した所や，最も伝えたいことを教えよう。

S　私は東北の文化や自然が独特なことを感じました。函館と同じ観光地でも，様子が違いました。

S　私は，クラス替えをしたばかりで不安だったけど，ホテルやバスの中でいろいろな人と話して，絆が深まったことが一番の思い出です。友達の意外な一面を知って，うれしくなりました。

T　作品はガイドさんに郵送するね。

2019年5月27日（月）　函館市立亀田中学校　3年1組　学級通信「花が咲く」　第8号

旅の記憶を記録に

1組では，修学旅行について2種類の「はがき新聞」を書いています。1つは自主研修の内容をまとめたもので，全学級で取り組んでいます。通常の2倍の大きさのはがき新聞です。その内容は，後日紹介します。

もう1つが，下に紹介している作品です。自主研修だけではなく，修学旅行全体を通して学んだことをまとめました。こちらは，1組だけの取組です。

2種類の新聞を書き分けるのに苦労していましたが，修学旅行が特別な経験になったことを的確に表現しています。少しだけですが，作品を紹介します。

レイアウトやイラストに工夫

龍翔さんの作品は，レイアウトがとても個性的です。しかし，線でしっかりと区切って，読みづらさを感じないように工夫しています。セカンド記事では中尊寺の旧覆堂（かつて金色堂を覆っていた建物）を色鉛筆で上手に描き，中尊寺について調べた内容をまとめています。

3日間の学びが明確に

菜々海さんのはがき新聞です。修学旅行の三日間の行程に沿って，特に印象に残ったことや学んだことを書いています。最後に「まとめ」の欄を作り，修学旅行で学んだことを次に生かす決意を表明しています。とても読みやすい作品です。

目標をきちんと意識

ひなさんは色鉛筆やペンを巧みに使いながら，カラフルなはがき新聞を作りました。内容面でも，修学旅行の目標である「Learn&Run」を意識しながら，学んだことと楽しかったことを具体的に書いています。猊鼻渓のイラストも上手です。

鉛筆だけでも上手に

梨緒さんの作品です。題名の字体を工夫したり，「キリンビール工場」にイラストを描き入れたりするなど，色を使わなくても見やすく仕上げています。中尊寺もビール工場も具体的に学んだ内容が書いてあって，わかりやすい内容になっています。

次回（第9号）の予告…明日の体育大会に向けて／掲示物完成　他（5月30日（木）発行予定）

これは，学級通信の裏面です。表面は新聞形式で段組みをした紙面で，裏は自由な紙面にして，学級での活動を紹介するページにしています。
はがき新聞が完成した翌週の通信では，このように優れた作品（他の生徒から好評だった作品）を取り上げ，評価のポイントを明記して紹介しています。掲載された生徒は自信になりますし，保護者も喜んでくれます。他の生徒には今後の作品づくりの参考になると共に，皆で修学旅行の意義を確認できます。

5月 7 学級力向上プロジェクト始動

ねらい

学校生活に慣れてきた5月に，学級をよりよくするための話し合いを行います。アンケートを行って掲示することで，学級の成果と課題が可視化できます。また，課題を見いだす時や解決策を考える時に，学級会を行います。学級会を通して，合意形成を図る方法を身につけ，学級の課題を話し合って解決することの大切さを実感させるねらいがあります。

準備物

学級力アンケートの結果，スマイルアクション（具体的な解決策の例）の一覧

活動の流れ（50分）

❶議題を確認する（5分）

T　それでは，学級会を始めよう。司会グループ，進行をお願いします。

S　議長の○○です。今日の議題は，1組の「学級力」を上げる方法を決めることです。副議長の○○さん，提案理由をお願いします。

S　はい。1組をもっとよいクラスにするために，みんなから集めたアンケートを分析して課題を見つけ，改善策を考えるべきなので，提案しました。

S　それでは，議事に移ります。

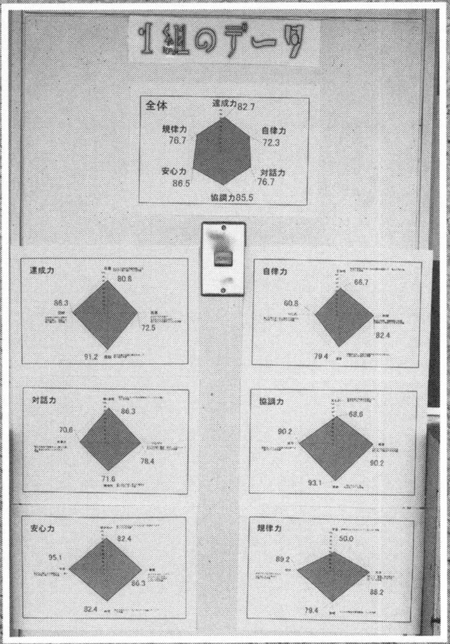

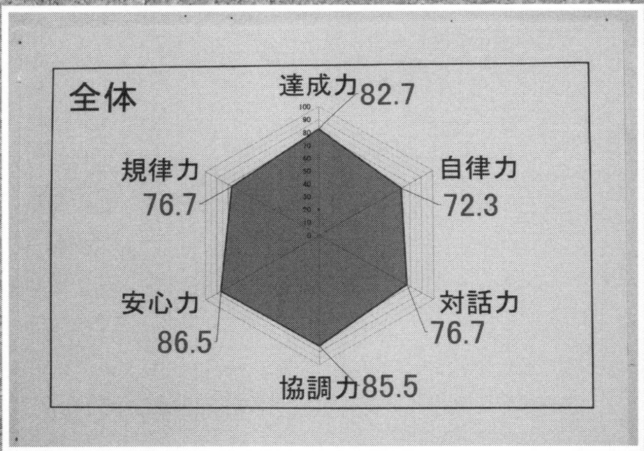

学級力アンケートの結果は，グラフ化して教室に掲示します。給食の配膳で並ぶ動線上に貼ると，生徒の目に必ず入るので効果的です。

アレンジ 2時間扱いの活動にすると，さらに充実した議論ができます。その場合は，課題を見いだして解決策の案を考えることに1時間，学級会で解決策を決定するのに1時間と分けましょう。

〈参考実践〉田中博之（編著）『学級力向上プロジェクト』金子書房，2013／田中博之（編著）『学級力向上プロジェクト２』金子書房，2014／田中博之（編著）『学級力向上プロジェクト３』金子書房，2016

❷課題を明確にする（20分）

S　学級力アンケートの結果を見て，課題と考える点を出し合いましょう。

S　私は，規律力の「学習」が低いのが問題だと思います。一部の人だけかもしれないけど，私語が多いのは良くない。

S　僕は，お互い意見を言い合えて，自分たちで解決策を考えることが大切だから，自律力を上げたい。

S　私も，一番数字が低いから賛成です。

S　それでは，自律力に注目して，アップさせる方法を考えましょう。

❸解決方法を議論して決定する（25分）

S　それでは，解決策を考えて決定しましょう。今回はスマイルアクションの中から選びましょう。

S　僕は「秘密の親切」が良いと思います。自分で考えて仲間を助けることができるし，楽しそうだからです。

S　こっそりとできるか心配だな。私は「サークルタイム」で話し合いをした方が良いと思う。

S　それでは，意見が出尽くしたようなので，多数決で解決方法を決定します。

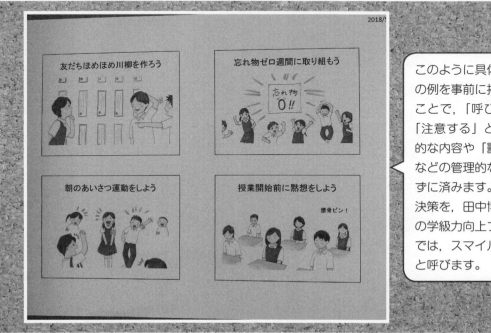

このように具体的な解決策の例を事前に掲示しておくことで，「呼びかける」や「注意する」といった抽象的な内容や「罰を与える」などの管理的な方法に陥らずに済みます。これらの解決策を，田中博之先生考案の学級力向上プロジェクトでは，スマイルアクションと呼びます。

6月

8

学級マスコットコンテスト

ねらい

学級目標に合わせて，学級のマスコットキャラクターを生徒皆で考え，投票します。学級会を行うわけではありませんが，学習指導要領の学級活動(1)を意識しています。マスコットの設定が学級目標の意識化につながるからです。デザインの意見を出し合い，作品を比べ合うという過程で，よりよい学級への意識が向上します。

準備物

鉛筆，色鉛筆，水性ペン，マスコット応募用紙，投票用紙

活動の流れ（50分）

❶マスコットの意義を説明する（5分）

T　今日は学級のマスコットを皆で考えよう。

S　どんなマスコットを考えれば良いのですか？

T　学級目標（スローガン）や学級で大切にしたいことをデザインに生かして，マスコットキャラクターを考えよう。

S　絵は苦手だな…。

T　友達と共同制作にしても良いし，イラストのイメージを文章に書くだけでも，ラフスケッチでも良いよ。皆が描けるようなシンプルなデザインを勧めるよ。

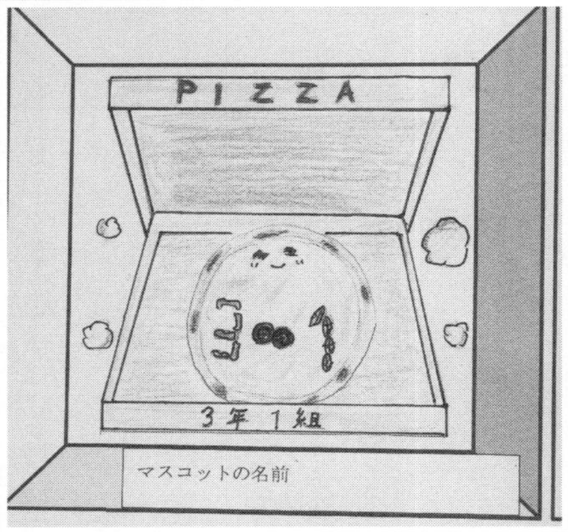

学級目標「ピザ」に合わせたキャラクターです。学級全員が個性豊かな具材となりつつ，1枚のピザのようにまとまるという意味があります。作者の希望で，名前を後日公募しました。

少しずつ成長するという意味を込めて，教室にあったサボテンをキャラクターにしました。この作品の時は，「学級おこしのゆるキャラ」というテーマで募集しました。

アレンジ 時間がない場合は，応募用紙を配布して提出は自由にし，期間を設けて投票も自由に行うと良いでしょう。他にも，学級のマスコットを教師が考える方法や，生徒に考えさせる場合でも，特に条件を設定せずに自由にデザインを募集する方法があります。ただし，学級目標と連動させた方が，よりよい学級づくりをするという意識の醸成につながります。

❷マスコットを考える（35分）

T　学級目標をイメージしたマスコットをさっそく描いてみよう。

S　学級目標と関連させること以外に，デザインのポイントはありますか？

T　何をイメージしたかわかりやすくて，絵が苦手な人でも描けそうなデザインだと良いね。それと，有名なキャラクターのデザインをまねるのは，著作権を尊重していないから控えよう。

T　それと，そのデザインを考えた理由や工夫点に触れた紹介文を付けよう。

❸投票する（10分）

T　どのマスコットが良いか，投票しよう。1位から3位まで順位を付けて，1位には理由も書こう（1位3点，2位2点，3位1点で集計）。

S　僕はこれが面白くて良いな。

S　私はこのイラストが学級目標に合ってるし，理由もしっかりしているから良いと思う。

T　集計した結果を発表します。1位は，エントリーナンバー○○番の作品です。□□さんのデザインです。

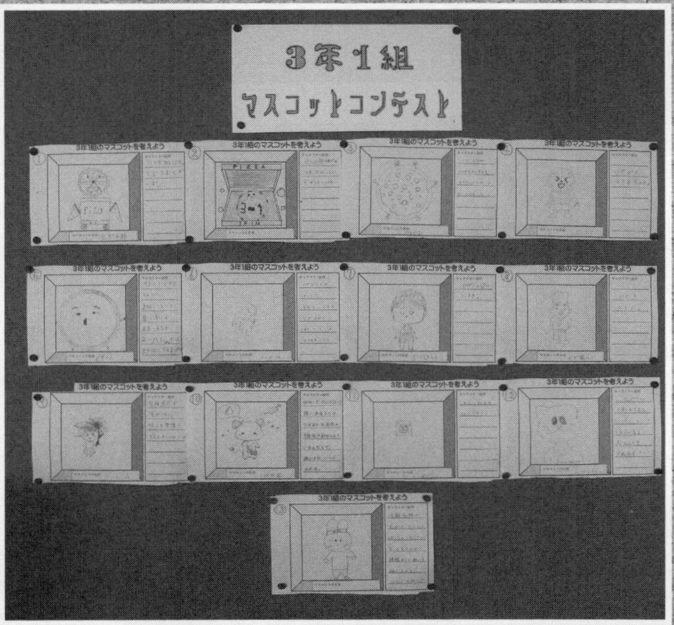

完成した作品は，氏名の部分を見えないようにして1か所に貼り出し，投票できるようにします。左の例では共同制作を可としたため，生徒数より応募作品が少なくなっています。
作品制作の時間を確保したい場合は，投票は別の期間に行うのも良いと思います。

6月 9 夏休みまでの学級力アップキャンペーン

ねらい

２回目の学級に関するアンケート（学級力アンケート）を分析し，学級全体の課題や改善に向けた取組について考えさせます。学級会だけでは発言者が固定されたり，思うように意見を述べることができかったりすることがあります。はがき新聞を活用することで，多様な意見を引き出しながら，自治的な活動を進めることができます。

準備物

はがきサイズの原稿用紙，鉛筆，色鉛筆，水性ペン，定規，貼り付け用アンケート結果

活動の流れ（50分）

❶意義を確認する（５分）

T　学級会で話し合ったことや決まったことを基にして，はがき新聞に自分の考えや決意を書こう。

S　先生，学級会で何をするか決まったのに，なぜはがき新聞にまた意見を書くのですか？

T　学級会では言えなかった意見や，決議してから新しく考えたことを書いてほしいからだよ。学級会の時には気付かなかったことがあるかもしれないから，アンケート結果のグラフをもう一度良く見てみよう。

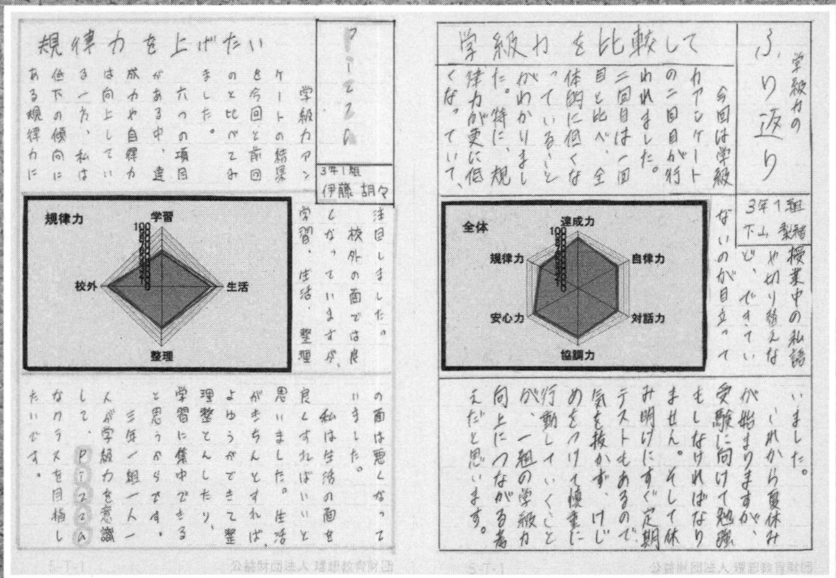

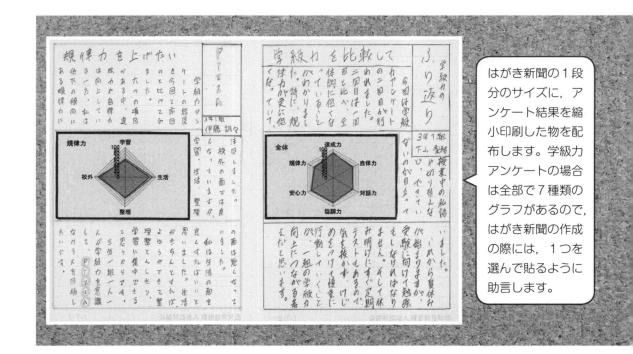

はがき新聞の１段分のサイズに，アンケート結果を縮小印刷した物を配布します。学級力アンケートの場合は全部で７種類のグラフがあるので，はがき新聞の作成の際には，１つを選んで貼るように助言します。

アレンジ 本実践では，学級会後にはがき新聞をつくり，自分ができることを考えさせています。学級会の時間の確保が難しい場合は，はがき新聞による分析だけを行っても十分効果があります。

〈参考実践〉田中博之編著『学級力向上プロジェクト』金子書房，2013／田中博之編著『学級力向上プロジェクト２』金子書房，2014／田中博之編著『学級力向上プロジェクト３』金子書房，2016

❷はがき新聞にまとめる（35分）

T　２回目のアンケート結果を参考にして，学級として特に伸ばすべき点や改善策をはがき新聞にまとめよう。そして，関連するグラフを１つ選んで貼り付けよう。

S　グラフはどれを選べば良いですか？

T　アンケートの中で，１番印象に残った項目のグラフを選ぼう。

S　私はやっぱり規律力の低さが気になる。

S　誰に向けて書けば良いですか？

T　学級の仲間に向けて，自分の決意や皆に意識してほしいことを書こう。

❸内容を交流する（10分）

T　生活班のメンバーの中で，はがき新聞に書いた内容を交流しよう。

S　私は協調力の中の「協力」の力をもっと高めるべきだと思う。２学期の文化祭でも協力が大切だから。

S　僕は自律力の中の主体性が課題だと思う。数値が低いし，クラスの課題を直そうと工夫するようにしたい。

T　完成している人は，はがき新聞コーナーのクリアポケットに入れよう。お互いに読んで感想を伝え合おう。

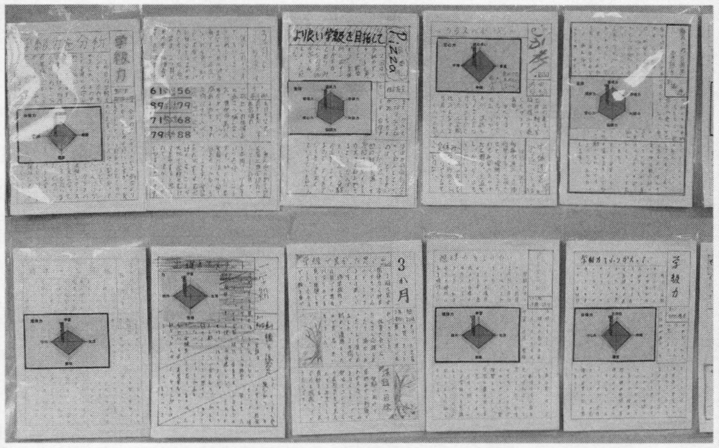

完成した作品は，はがき新聞コーナーにすべて並べて掲示します。さらに学級通信で学級会の様子や結論と共に，はがき新聞を何枚か選んで掲載し，保護者にも周知を図ります。学級づくりにおいて生徒が主体となり，保護者の支援が得られるようにする工夫です。

7月 10 願いを込める七夕飾り

ねらい

年中行事である七夕で自分の願いを書く活動を通して，自己実現に向けた意思決定をさせ，努力する意識を高める目的があります。また，私の勤務する函館市では，小学生までは七夕の日に地域を歩いて七夕の歌を歌ってお菓子をもらう習慣があります。季節の行事を学校で体験することで，伝統文化を大切にする姿勢を育むねらいもあります。

準備物

緑色の折り紙，短冊用紙，模造紙，鉛筆，色ペン，両面テープ，はさみ，ビニタイ

活動の流れ（50分）

❶願いごとを考える（10分）

T　七夕が近いので，短冊に願いを書こう。

S　どんな願いでも良いですか？

T　自分が将来達成したいという願いを１つに絞って書こう。

S　思いつかない…。

T　手に入れたい物でも，自分の内面に関することでも，将来の進学先や職業でも，どんなことでも構わないよ。実現が難しそうなことでも，願うのは自由なので遠慮せずに書こう。それと，他の人の願いをばかにしないことを約束してね。

短冊に願いを記入するだけではなく，折り紙の笹飾りを全員に作らせることで，季節の行事に対する気持ちを高めます。また，折り方がわからない生徒が多いので，教え合うように促します。普段の人間関係から離れて，協力する姿が見られることがあります。

アレンジ 学活の確保が難しい場合は，短冊を朝の会などに記入させ，掲示は放課後に行うと良いでしょう。なお，七夕の掲示のデザインについては，事前に生徒と相談して考えることを勧めます。

〈参考実践〉ひまわりの会『クラスが和む　教室環境づくりほっこりアイデア帳』明治図書出版，2019

❷飾りを作って掲示する（30分）

T　短冊に願いを書いたら，飾るための折り紙を作ろう。これが見本だよ（折り紙の笹の見本を提示します）。

S　どうやって作るんですか？

T　文化班の人がわかっているので，聞きながら折ると良いよ。

S　出来た！　もっと作りたい！

T　折り紙はたくさんあるから，どんどん作ろう。良かったら，他の飾りも作ってほしいな。

S　文化班は，折り紙を壁に付けてね。

❸短冊をかけて交流する（10分）

T　短冊を笹にかけよう。そして，他の人の願いを見て，気になったら質問をして，詳しく聞こう。

S　どうして世界一周がしたいの？

S　いろんな国の人と話したいし，世界遺産を見て回りたいんだ。だから英語を話せるようになりたい。

T　同じような願いをもっている人を探すのも面白いよ。

S　○○（芸能人）のファンだったんだ！　コンサート，私も行きたいな。

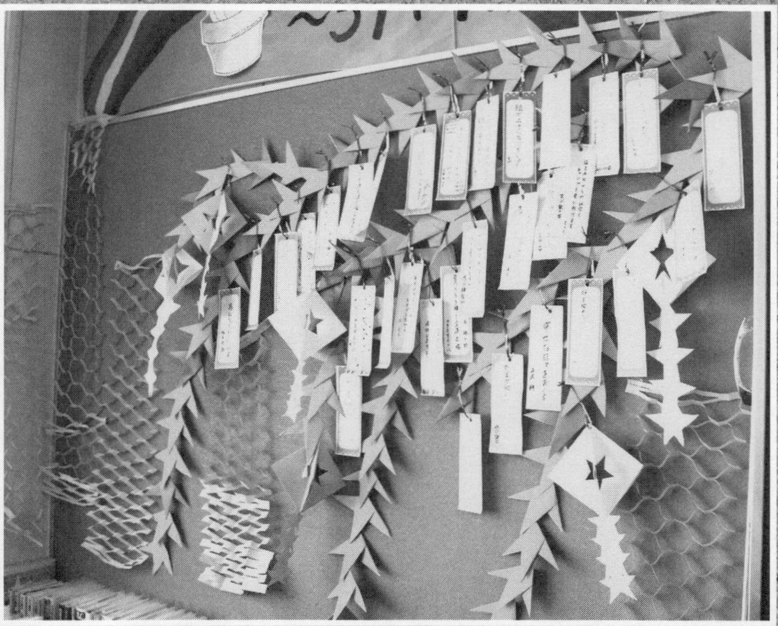

折り紙の笹の他に，七夕飾りで雰囲気づくりをしています。この例では笹の裏を画びょうで留めました。
短冊の紙に穴を開け，カラフルなビニタイで笹にくくりつけています。風で落ちそうならセロテープも使います。

7月 11 わくわくを共有する夢マップ

ねらい

学習指導要領の学級活動(3)のキャリア教育として実施します。進路指導を進学指導に限定せず，将来を見通した生活や学習に関する目標を意識させるために，夢マップをつくります。中心に「夢」とだけ書いてある用紙に自由に表現させることで，将来についてのびのびと考えさせます。また，お互いの夢を語り合える関係性を学級の中に構築させます。

準備物

中央に「夢」とだけ書いた用紙（Ａ４判），鉛筆，水性ペン，ラミネートフィルム

活動の流れ（50分）

❶作成内容を理解する（５分）

T　自分の将来の夢を１枚の紙に書こう。条件は１つだけで，夢の大きさに合わせて，字を大きくすることだよ。

S　近い将来の夢でも良いですか？

T　今年の内に達成したい夢でも，長い人生のいつか達成したいと思う夢でも構わないよ。

S　絵を描いても良いですか？

T　もちろん，絵でも良いよ。文字も色やレタリングの工夫をするよ良いね。絵が苦手なら，写真を切り貼りしても良いよ。

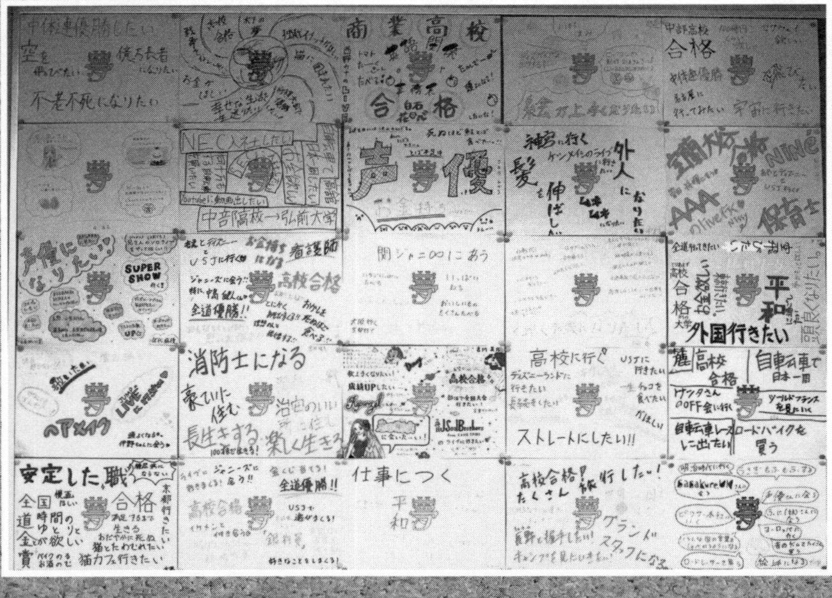

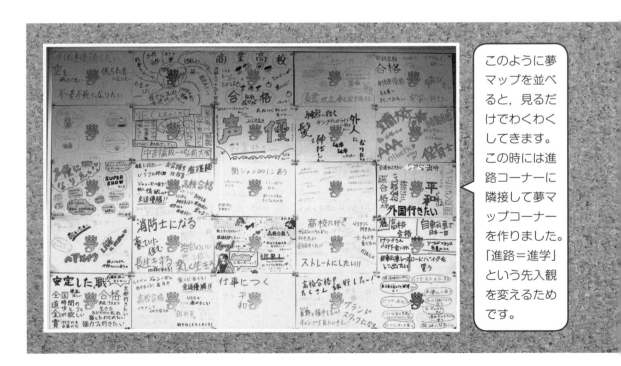

このように夢マップを並べると，見るだけでわくわくしてきます。この時には進路コーナーに隣接して夢マップコーナーを作りました。「進路＝進学」という先入観を変えるためです。

アレンジ　学活の時間ではなく，総合的な学習の時間で進路をテーマとした学習として行う方法もあります。また，作成に時間がかかる生徒については，期限を示して作成をするように促します。

〈参考実践〉吉澤克彦（編著）『エンカウンターで学級活動12か月　中学校１年』明治図書出版，2010

❷夢マップを作成する（35分）

S　将来の夢って特にないなあ。

T　将来の仕事だけではなく，こんな生活をしてみたい，こんな体験をしてみたいという希望を言葉にしよう。

S　将来，宇宙旅行をしてみたいな。

T　人生は長いので，どの時点での夢でも良いよ。また，今から続けたいことなどを書くのも良いね。

S　せっかくだからイラストも描こう。

T　自分も見る人もワクワクするような作品を目指そう。

❸夢マップクイズを行う（10分）

最後にクイズを行います。完成した作品を集めてだれのものか当てさせます。氏名は裏面に記入させましょう。

T　すばらしい作品が集まったので，夢マップクイズで紹介するよ。誰の夢かわかったら，答えてね。まずは「日本武道館でライブをする！」

S　わかった，○○くんだ。今もギターの練習をしているよね。

T　「フレンチの店を開く」という夢は？

S　○○さんなのか。へ～，意外だな。

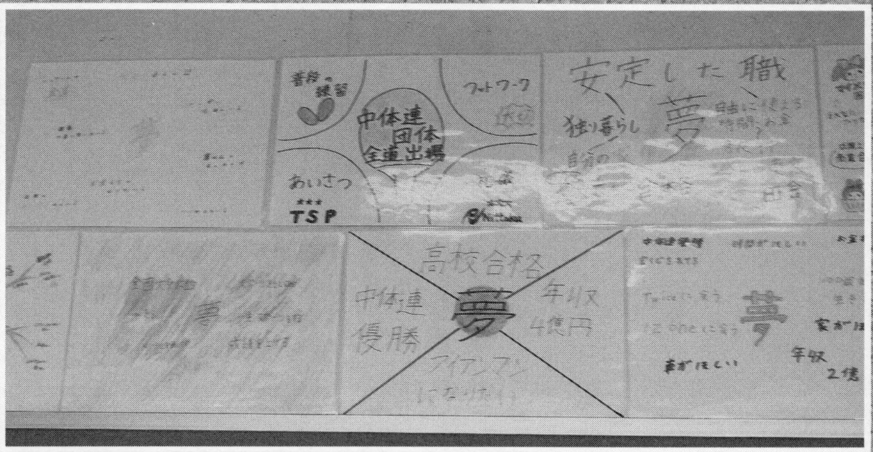

掲示場所の確保が難しい場合は，掲示板と天井の間のスペースに横長に貼る方法があります。夢マップの文字は大きいため，教室の上部に貼っても見ることができます。また，作品はラミネート加工し，劣化しないようにしています。

7月

12 学級通信タイトルコンテスト

ねらい

学級通信のタイトルをデザインし，良いと考える作品を生徒間の投票で決めます。タイトルに込められた意味について考え，文字や絵で表現することで，楽しく豊かな学級にする意識が高まります。運動会や文化祭の後など，大きな行事が当面なく，日常生活を充実させたい時期に実施すると，学級のことに生徒の意識を向ける効果があります。

準備物

タイトルコンテストデザイン用紙，投票用紙，鉛筆，色鉛筆，水性ペン

活動の流れ（50分）

❶コンテストの趣旨を説明する（5分）

T　学級通信のタイトルは何だったかな？

S　「亀の湯」です。

T　どういう願いを込めていたか，覚えているかな？

S　ええと…４月に先生が話していたのは覚えているけど，内容は忘れました。

T　今日は，学級通信のタイトルを手書きでデザインする活動を通して，目標とする学級の姿について改めて考えよう。作品は皆で投票し，優秀作品は実際に学級通信に使わせてもうらうね。

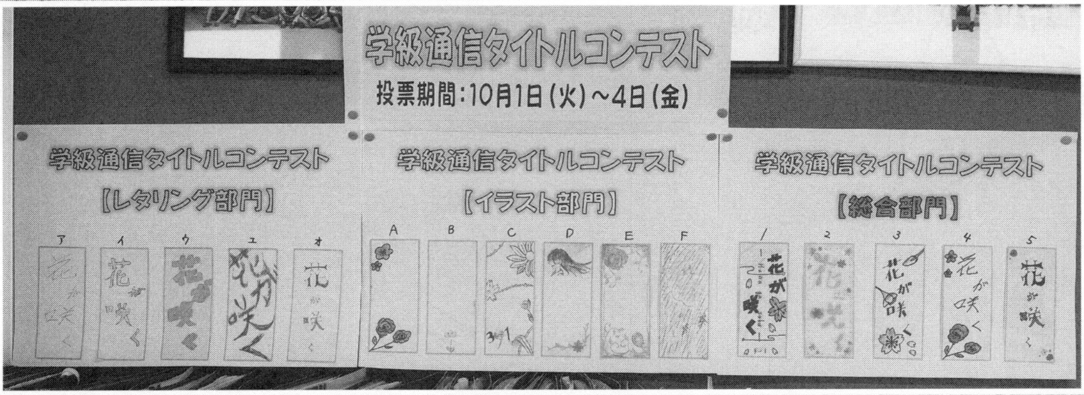

この例では７月ではなく，文化祭後の10月にコンテストを実施しました。３つの部門（文字のレタリング・背景のイラスト・総合）を用意し，共同制作も認めています。学級通信のタイトルは「花が咲く」で，（３年生なので）中学校生活の集大成として力を開花させてほしいという意味を込めました。投票では，番号と選んだ理由を書かせます。

アレンジ　デザインを短時間で描くことができそうな場合は，学活の時間の中で投票まで行う方法もあります。また，デザインについて議論せずにデザインを描く活動だけを行う方法や，希望者のみデザインを応募するように伝える方法もあります。それらの方法であれば，学活の時間を使わずに簡単に実践できます。また，７月以外での実践も可能なので，柔軟に計画をしましょう。

❷デザインについて議論する（20分）

T　学級通信のタイトル「亀の湯」は，温泉のような学級にしたいという願いを込めているよ。

S　温泉のように，入った時にほっとする教室にするのが大切なのか。

S　人間関係を温かくする意味もあると思います。

T　それでは，どのようなデザインにすれば良いか，意見を出し合おう。

S　温かさが伝わるデザインが良いね。

S　暖色で，丸字で書くのはどうかな？

❸デザインを描く（25分）

T　皆で出し合ったデザインの方向性を生かして，実際にデザインをしてみよう。

S　文字の色は赤とピンクにしよう。文字の形は，パソコンでレタリングの例を調べてみよう。

S　僕は温泉の入り口にあるようなのれんに「亀」「の」「湯」を１文字ずつ描こう。温泉だと男女で分かれるけど，クラスは男女関係なくみんな一緒なイメージが伝わるようにしたい。

T　面白いアイディアがどんどん出たね。

2019年10月7日（月）　函館市立亀田中学校　3年1組　学級通信「花が咲く」　第27号

ゴールは違えど心を合わせよう

励まし合い　学び合おう

色とりどりの花が咲く
学級通信タイトルコンテスト

こういう所がすごい一組

男女で楽しむバレーボール

先週の帰りの会で，日直の花恵さんが１日の学校生活を振り返り，「最後のバレーが楽しかった」と述べていました。体育の時間を皆が楽しめるというのは，とても大切なことです。

本校では，３年前から体育の実技を男女で一緒に行っています。運動の技能には，個人差と性差があります。技能の差に関係なく，皆で楽しむためには，集団の雰囲気が大切です。１組の皆さんには，スポーツを楽しめるような温かい雰囲気があるということがわかります。

そういえば，先日の学級レクでも，男女関係なくバレーボールやバスケットボール，バドミントンで楽しむ姿が見られました。これからも１組の皆でがんばり，皆で楽しむ機会を増やしましょう。

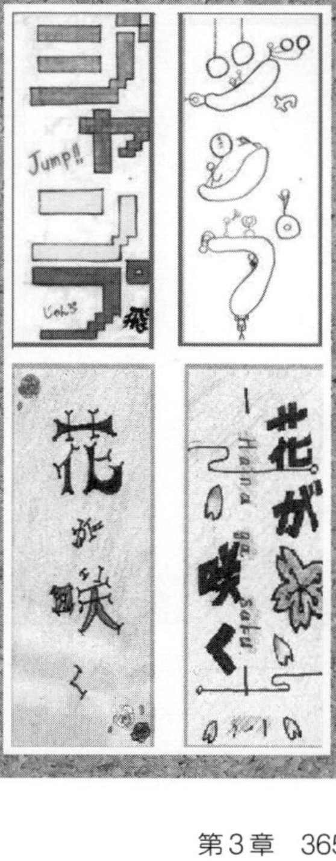

生徒間の投票で評価が高かった作品は，学級通信のタイトルとして採用します。その際は，誰のデザインか明記します。生徒の著作権を尊重することが大切ですし，掲載された生徒の自信になります。

8・9月

13 夏休みの思い出絵日記

ねらい

夏休みを振り返って，印象に残った経験を絵日記に書くことで，絵と文章による表現力が向上します。また，長い夏休みの期間での体験を総括することは，「休みボケ」をなくして気持ちを切り替える効果があります。休み明けの生活や学習への適応を図り，自己の成長について考えるきっかけにします。

準備物

絵日記の用紙（Ａ５判。絵を記入する部分は写真のＬ判と同じ大きさ），鉛筆，色鉛筆，水性ペン

活動の流れ（50分）

❶絵日記の題材について考える（10分）

T　夏休みを振り返って，１枚の絵日記を書こう。夏休みの中で，一番印象に残った日のことを思い出して，絵と文にまとめよう。覚えているかな？

S　どの日の思い出にしようかな。

T　夏休みだからこそできた経験や，中学生の今だからこそ感じることを選ぶと，体験したことの価値を再評価できるから良いと思うよ。

S　それじゃあ，家族旅行にしよう。

S　私は部活の大会のことにしよう。

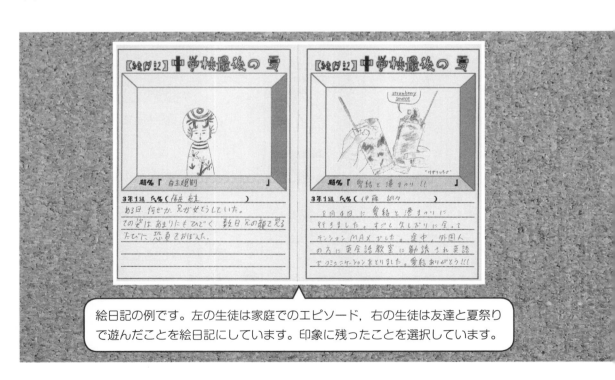

絵日記の例です。左の生徒は家庭でのエピソード，右の生徒は友達と夏祭りで遊んだことを絵日記にしています。印象に残ったことを選択しています。

アレンジ 絵日記を夏休みの宿題にすると，掲示をする作業だけで済みます。他にも，絵を描くのは宿題にして文章を学活の時間に書き，交流の時間を多く用意するという方法も考えられます。逆に，イラストの描き方の指導に力を入れたい場合は，文章だけの日記を宿題にして，絵を学校で書くのも良いでしょう。また，絵日記ではなくはがき新聞にまとめるのも効果的です。

❷絵日記を作成する（30分）

S　絵は描けたけど，どんな文章を書けば良いかわからないな。

T　いつどこで誰と何をしたという点だけではなく，その時の気持ちを書こう。

S　先生，絵に自信がありません。

T　美術の授業ではないから，絵のうまさより，その文章が一番伝わるような絵にすると，どうかな？　小学校低学年に戻った気持ちで書いてみよう。

S　それなら，クレヨンを使って小学生の絵日記風にしよう。

❸絵日記を朗読する（10分）

T　皆さん，完成したようだね。それでは，絵を部分だけを紹介するので，誰の日記か考えてみよう。

S　陸上の絵だから，○○さんでしょ？

T　○○さんはどんな経験をしたの？

S　大会に出場した時の緊張と，自己ベストを出した喜びを書きました。

S　この魚釣りの絵は…○○くんだ！

S　お父さんと魚釣りに行って，初めてソイを釣り上げたけど，それが大きかったのがうれしくて，絵日記にしました。

絵日記は写真でも良いことにしています。そのため，絵日記の用紙の絵の部分は，L判のサイズです。
また，季節のコーナーに絵日記を掲示しました。普段ははがき新聞を掲示しているコーナーです。黒板横は「はがき新聞コーナー兼季節のコーナー」として使っています。同じ掲示物を貼り続けていると，注目されなくなります。そこで，一時期の間，掲示を変えることで生徒の関心を引きます。

8・9月 14 マンネリ化を防ぐ個人目標

ねらい

学習指導要領における学級活動(2)「日常の生活や学習への適応と自己の成長及び健康安全」の活動として，個人目標を設定します。年度当初から定期的に立てさせると，マンネリ化しがちです。そこで，２学期（２期制なら前期後半）の開始に合わせて，目標の立て方に工夫を図りながら，それぞれの個人目標を考えます。

準備物

個人目標の用紙（Ａ５判），鉛筆，水性ペン，ラミネートフィルム

活動の流れ（30分）

❶夏休み明けの目標を立てる（10分）

T　学校が再開したので，これから２か月間の個人目標を考えよう。

S　今までと形が変わっているけど，どういう風に書いたら良いですか？

T　最初に，紙の中心にある「最大目標」を考えてね。２か月間で努力すれば達成できる内容にするのがポイントだよ。

S　最大目標は勉強に関することではなくても良いですか？

T　特に指定はないよ。ただ，学級目標と関連できると良いね。

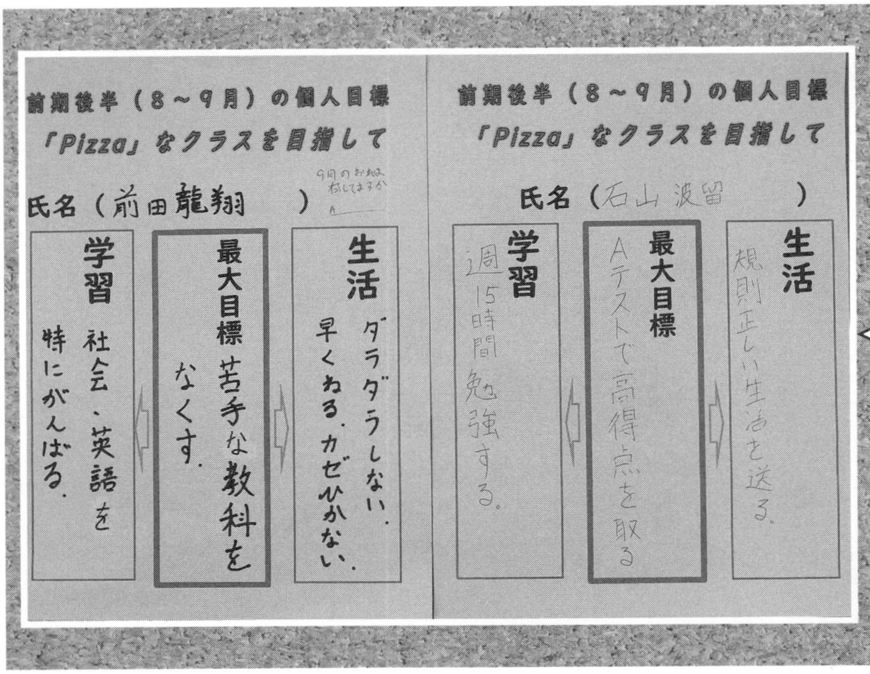

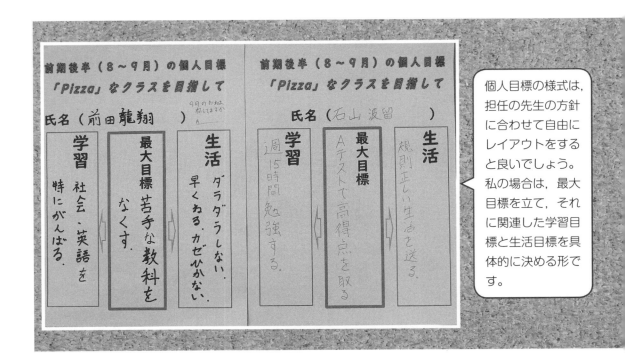

個人目標の様式は，担任の先生の方針に合わせて自由にレイアウトをすると良いでしょう。私の場合は，最大目標を立て，それに関連した学習目標と生活目標を具体的に決める形です。

アレンジ 50分間で実施する場合は，夏休み前の個人の課題を確認し，解決のためにどのような努力が必要か，話し合う時間を設けてから個人目標を決定すると良いでしょう。逆に時間が限られる場合は，掲示を放課後に行うと短時間の活動になります。朝の会に行ったり，他の活動と合わせて学活の時間に実施したりするなど，柔軟に取り入れてほしいと思います。

❷目標を記入する（10分）

S　最大目標はテストのことにしよう。

T　生活目標と学習目標は，最大目標の達成につながるように，具体的な内容にしよう。

S　学習目標は「数学は友達に教え，英語は逆に教わることで苦手を克服する」にしようかな。

S　生活目標は，家庭学習を毎日２時間にしよう。

T　そのためにどんな工夫が必要かな？

S　ゲームをする前に勉強します。

❸ラミネート加工して掲示する（10分）

T　完成した人から，ラミネート加工をするので，自分でロッカーの横にセロテープで貼ろう。できていない人は，友達の目標を参考にしよう。

S　これなら，道具を出し入れするたびに目に入るから，目標を忘れなくて良いな。

S　先生，ロッカーの荷物が多くて見えなくなります…。

T　目標が見えるようにするのを基準にして，ロッカーを整理整頓しよう。場を清めると，心が整えられるものだよ。

個人目標の掲示場所は，個人ロッカーの側面にしています。以前は教室の後ろに並べていましたが，自分の目標を見る動機づけにはならないと感じ，変更しました。
個人目標は各生徒の意思決定に基づくものなので，他の生徒の目標を見るよりは，自分で目標を忘れないように掲示することが大切です。

8・9月

15 気持ちを高める合唱カード

ねらい

学級対抗で行う合唱コンクールは，協力し合う関係性を育む絶好の機会です。歌唱指導という技術的な練習に終始するのではなく，練習に取り組む姿勢や合唱の目的について話し合い，共通理解を図ることで，学校行事の意義を実感できます。本実践では，学級会で合意形成を図った後に，個人の意思決定を掲示物に残すことで，合唱への意欲を継続できるように工夫しました。

準備物

意気込みを書くカード，鉛筆，水性ペン

活動の流れ（50分）

❶合唱コンクールの目標を考える（35分）

学級会を行います。議題は，合唱コンクールに向けた目標を考えることです。人前で歌うことが好きな生徒もいれば，苦手な生徒もいる中で，どのように練習を進めて本番に臨むべきか，意見を出し合って合意形成を図ります。そして，決まったことを合唱コンクールの学級目標（スローガン）として設定します。金賞などの結果だけを目標にせず，望ましい集団の姿を考えさせることが大切です。その目標に関連させながら，個人の目標を意思決定させます。

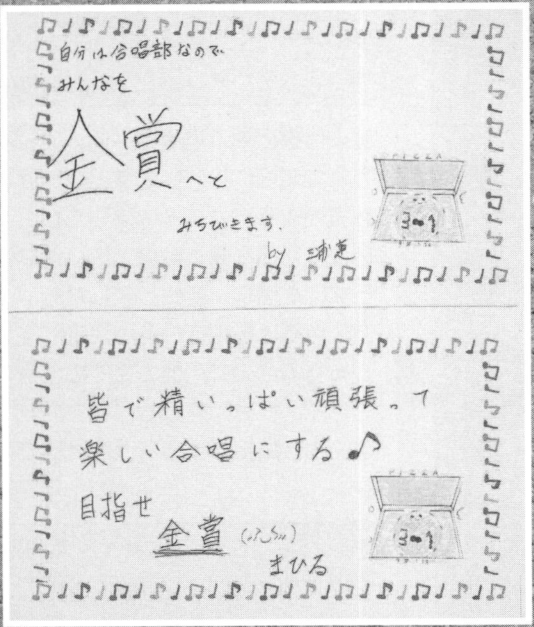

合唱コンクールの意気込みのカードの例です。音符の罫線の中に学級のマスコットキャラクターを配置しています。
これは教師が用意したものですが，生徒にデザインを任せる方法も良いでしょう。次ページに紹介しているカードでは，罫線が合唱曲の一節（五線譜で表現）になっています。インターネットなどの無料のテンプレートではなく，ひと工夫を加えることで愛着が増します。

アレンジ 意気込みのカードだけを書く場合は，15分ほどで実施できます。そのくらいの短い時間であれば，合唱練習の合間や朝の会などに手軽に行うことが可能だと思います。また，合唱曲の歌詞について読み取る活動や，合唱を撮影した動画を見ながら改善点を話し合うなど，関連する活動と適宜組み合わせると，学校行事に向かう気持ちを高めることができます。

❷個人の意気込みを記入する（10分）

T　学級会で決まった「聴く人と自分たちが感動する合唱」を達成するために，自分ができることや皆のためにしたいことをカードに書こう。

S　私は合唱部でパートリーダーだから，皆が曲の場面に合った表現ができるように練習をリードしたいな。

S　僕は歌が苦手だけど，ブレスと姿勢をがんばって，クラスのためになりたい。

S　私は歌詞をしっかりと読んで，意味が伝わるような歌い方をしたい。

❸カードで文字を作る（５分）

T　完成した人から模造紙にカードを貼ろう。文化班が考えた金賞の「金」の漢字になるようにしよう。

S　先生，カードを貼るだけではなくて，空いている所に文字を書きたいです。

T　それは素敵なアイディアだね。単に「合唱への意気込み」などを書くだけではなくて，学級会で決まった目標を書くと，合唱への気持ちが高まるから良いね。

S　よし，せっかくだからマスコットキャラクターも書こう。

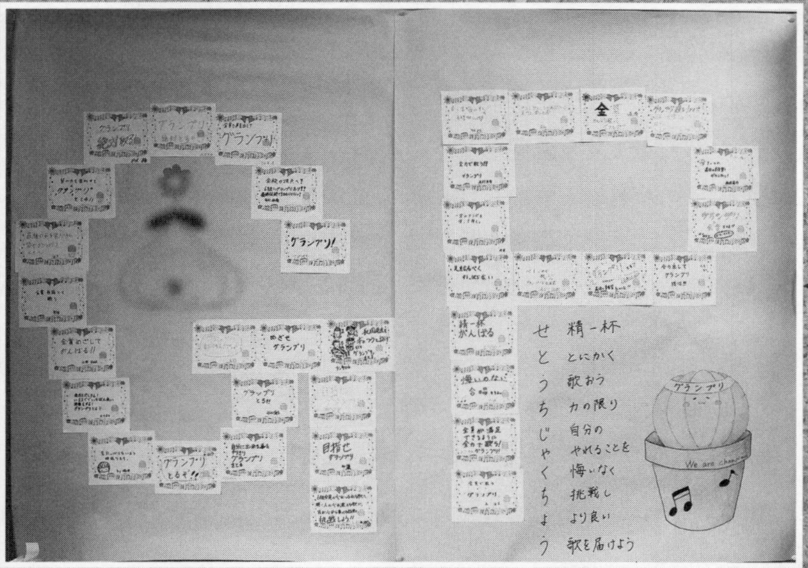

意気込みカードをGP（合唱コンクールのグランプリ）の形に並べました。右下のサボテンは，学級のマスコットキャラクターです。
また，合唱曲の作詞者の瀬戸内寂聴さんにちなんで，あいうえ作文の形で合唱の目標を具体化しています。

8・9月

16 夢をつなげるマインドマップ

事前指導

マインドマップづくり

マインドマップとは，イギリスの教育者トニー・ブザンが開発した思考ツールの一種です。表現したいテーマを中心に描き，そこから放射状に情報をつなげて１つの図を描きます。思いついたアイディアを整理したり，ふくらませたり，知識を関連付けて思考するのに適しています。言葉やイメージ，文字や数字，色など様々な要素が含まれていて，それらを組み合わせて描くため，楽しみながら考えが広がって定着するという良さがあります。

指導のポイント

マインドマップで夢マップを扱う時の指導のポイントは，２点です。１点目に，ウェビングマップのように連想することを思いついた順番につなげるのではないことです。抽象から具体，概略から詳細へと言葉をつなげる形になります。

２点目のポイントは，前回（本書 pp.76-77）の夢マップより記入内容を深めることです。前回は夢を思いつく限り書いていく方法を取りましたが，今回のマインドマップでは夢について広げながら掘り下げる形になります。

指導の手順

①テーマと中心に書くものを決める

まず，上記のようなマインドマップの意義を説明します。次に，手本となる作品を提示します。その上で，用紙（Ａ４サイズ）を配布し，テーマに沿って紙の中心に書くものを決めます。私の場合は「将来の夢」という大きなテーマは教師から提示し，中心に書く（描く）ものは生徒に任せます。「甲子園出場」「○○高校合格」などの具体的な夢を書く生徒と，「夢」と中心に書いて，様々な夢を書く生徒に分かれます。

②関連する語句を書く

中心の言葉から枝のように線を伸ばし，連想ゲームの要領で関連する言葉を書きます。枝をどんどんと伸ばし，次々と言葉をつなげていきます。用紙の隅まで枝が届いた時は，他の方向へ枝を伸ばすと良いでしょう。

枝の太さについては，中心から四隅へ近づくたびに細くします。それに合わせて，記入する言葉も次第に詳細にしていきます。例えば，中心に「世界一周旅行に行く」と書いた場合は，次に「外国の友達を増やすために英語をマスター」と書き，その次に「中学生のうちに英検３級」などと言葉をつなぐように助言します。

③色を付けて完成させる

修正と清書をして，マインドマップを完成させます。修正では，用紙全体をながめながら，強調したいところを目立つようにしたり，キーワードを書き足したりします。矢印を書くのも良いでしょう。

清書では，枝の太さや言葉の表現が的確か点検をしながら，水性ペンなどでなぞります。色付けは，強調したい場合には水性ペンや蛍光ペン，柔らかい色調にしたい場合は色鉛筆を使って仕上げるように指導します。

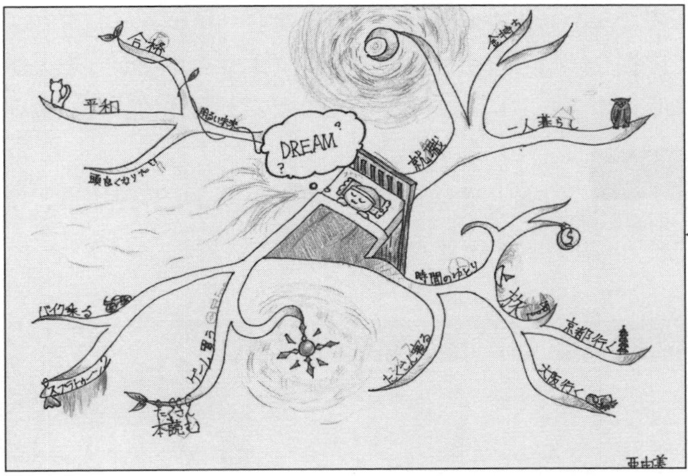

テーマの「夢」に対して，ベッドで眠る姿を描いています。枝分れしている先端の部分には，京都の五重塔や大阪のたこ焼きなど，夢に関連するイラストを描き入れて工夫しています。

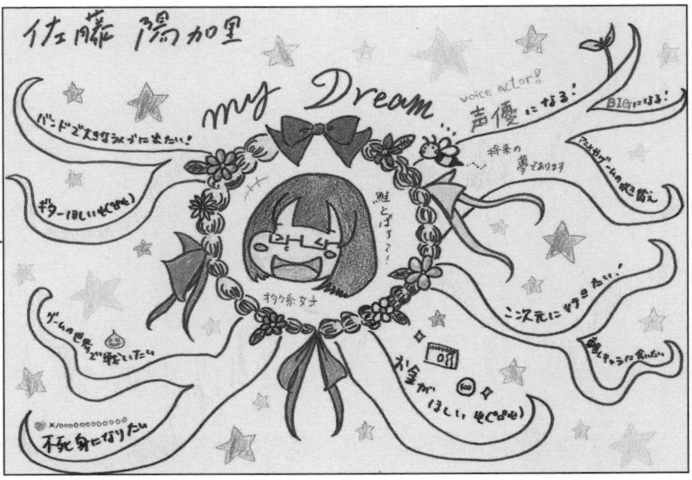

中心に自画像を描き，上に英語で「my Dream」と書いています。特定の夢に絞らずに，右上には職業の夢，右下には生活，左側には趣味（音楽やゲーム）に関する夢を書いています。この生徒は前の夢マップよりも項目を絞りつつ，関連付けて深く書いていました。

8・9月 16 夢をつなげるマインドマップ

ねらい

マインドマップで夢を表現するねらいは，２つあります。１つは，キャリア教育の一環として進学指導に限定せず，夢について考えることで将来の目標を具現化することです。２つ目は，夢を語り合える学級にすることです。中学生になると，自分の夢を隠したくなる気持ちが生まれます。自分の夢を恥ずかしがらずに表出し，お互いの夢を認めて応援し合えるような関係性を生み出す手段にします。

準備物

Ａ４上質紙，鉛筆，色鉛筆，水性ペン

活動の流れ（50分）

❶作成内容を理解する（５分）

T　今日は，夢についてのマインドマップをつくるよ。夢に関する文字か絵を真ん中に書いて，枝のように線を伸ばしながら関連する言葉を書こう。

S　前の夢マップを見ても良いですか？

T　夢が変わっていなければ参考にしよう。ただ，前の夢マップよりもつながりを大切にして，夢をだんだんと具体的に書くようにしよう。

S　それじゃあ，真ん中は「中体連全道」にしよう。

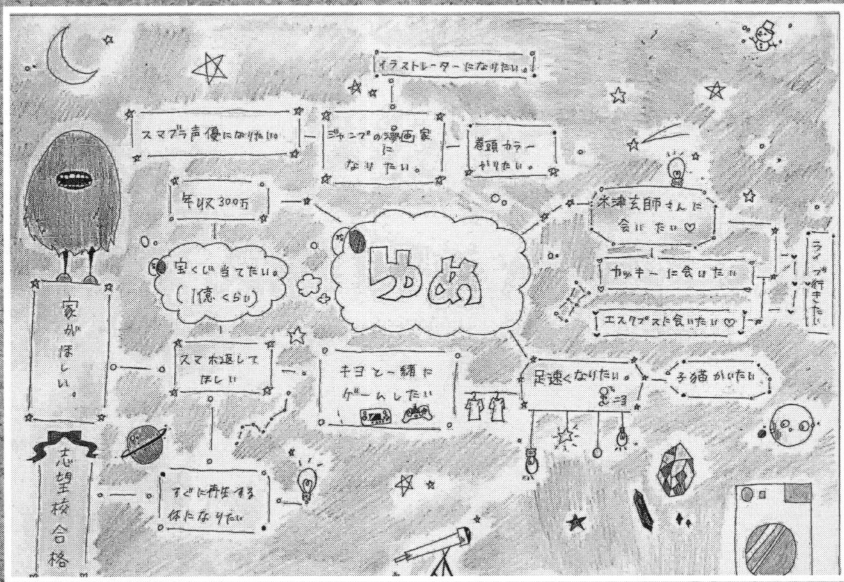

星空をイメージした作品です。枝ではないため，線の太さが一定にはなっていますが，内容はしっかりと関連付けています。イラストも秀逸です。

アレンジ マインドマップの作成には時間がかかります。事前に夢をリストアップさせておくと，作成の時間を確保できます。交流については，掲示した作品に付箋を貼る方法もあります。

〈参考実践〉トニー・ブザン『マインドマップ超入門』ディスカヴァー・トゥエンティワン，2008

❷夢マップを作成する（35分）

T　中心に書いた夢から枝をいくつか伸ばして，その夢から連想する言葉をどんどんと書こう。

S　意外とすらすら書ける。

T　中心に近い所には大きな内容を書いて，紙の隅になるほど細かく具体的な言葉を書こう。

S　私はバンドでメジャーデビューをするために，音楽の技術と仲間づくりを大切にしたいな。

S　せっかくだからもっと絵を描こう。

❸夢マップ交流会を行う（10分）

完成したら，自分のマインドマップを持って自由に歩き回って，良いと思った点を伝え合います。

S　僕は医者になって現代では治らない病気の研究をしたいです。そして，ノーベル賞をとりたいから，まずは勉強をがんばって大学に合格します。

S　私は，作家になって人を感動させるような作品を書きたいです。だから，本をたくさん読んで，読書感想文コンクールもがんばりたい。

完成した夢マップは，教室の横に並べて掲示しました。まとめて掲示するスペースがない場合は，個人ロッカーに置く方法もあります。
また，この例では生徒の氏名を裏面に書いているので，誰の夢か想像したり情報を交流したりしながら，楽しそうに鑑賞していました。

10 月

17 係に誇りがもてる掲示物コンテスト

ねらい

生徒会の委員会や学級の係は，前後期の２期に分けて活動するのが一般的です。ここで紹介するのは，後期の係が決まったタイミングで掲示物のコンテストを行うという実践です。前期の活動内容を見直すねらいと，工夫して作った掲示物が評価されることで仕事への誇りをもち，責任感を養うねらいがあります。

準備物

画用紙，模造紙，段ボール，鉛筆，水性ペン，はさみ，のり，ガムテープ，両面テープ，その他掲示物の作成に必要な材料

活動の流れ（50分）

❶掲示物の設計をする（10分）

T　後期の係の掲示物は，完成した作品をコンテストするよ。係の活動内容にあった掲示物を考えよう。

S　整備班は掃除の担当だから，掃除用具のデザインにしようか。ちりとりは画用紙を折って立体的にしよう。

T　活動内容と関連付けるのは良いね。

S　活動内容と言えば，最近掃除の反省カードの内容がワンパターンになってるから，掲示物に反省カードの記入のポイントも書こう。

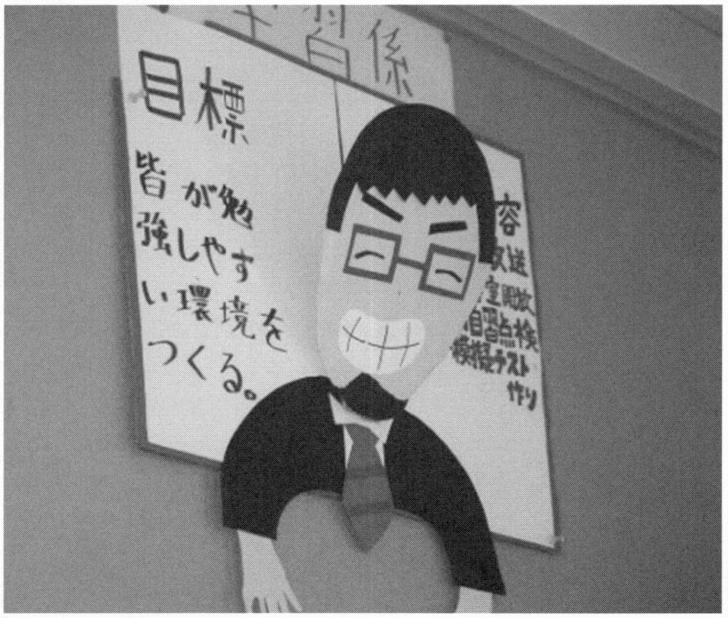

学習係のポスターです。ノートを開くと担任が飛び出てくるというイメージでデザインを考えたそうです。画用紙を重ねたり傾けたりすることで，立体的な作品に仕上げました。
材料は画用紙と水性ペンのみで，制作時間は30分ほどでした。

💡**アレンジ** 学活の時間で完成しない場合は，放課後に作業する方法があります。ただし，コンテストを行う場合は，作成時間に差があると公正さに欠けます。そこで，放課後に作業を行う場合も30分のみなど，時間を決めることが大切です。また，活動の③の発表時間を帰りの会で行うと，作成の時間を確保できます。その場合は，コンテストの投票の告知に合わせて発表させます。

❷掲示物を作成する（35分）

T　設計を考えたら，作り始めよう。時間は15時15分までだよ。

S　作る時間が決まっているから，作業を分担しよう。○○さんは画用紙に下書きをして，○○さんが切り抜いて，僕と○○くんで組み立てよう。

S　ペットボトルキャップをボンドで付けるのか…。時間がかかるから他の方法はないかな。

S　粘着力の強い両面テープの上に貼ると早くできるよ。

❸掲示物で工夫した点を発表する（５分）

T　それでは，制作終了の時間になりました。残り時間で，各係から工夫した点を発表しよう。完成した作品を見せて，工夫した点を30秒で伝えてね。

S　私たち文化班は，黒板のデザインにしました。工夫したのは，黒板消しを本物と同じサイズで立体的に作り，活動内容をチョークで書いたことです。

T　明日からコンテスト期間として，生徒全員と教科の先生方に投票をしてもらうよ。結果は来週お知らせするね。

牛乳パックとペットボトルキャップのリサイクルを担当する係のため，牛乳パックのキャラクターがペットボトルキャップでできた旗を持つデザインにしました。掲示物の材料からも活動内容がわかるというのは斬新です。

10月 18 みんなで作る高校の口コミコーナー

ねらい

学習指導要領における学級活動(3)「一人一人のキャリア形成と自己実現」として実施します。ねらいは2つで，1つは進学先に関する様々な情報を得て，将来の進路について多面的・多角的に考えるきっかけにすることです。もう1つは，学級の仲間による「生の声」を交流することで，希望する進路の実現に向けて協力し合える関係性の構築を目指します。

準備物

高校の情報の記入する用紙，フラットファイル（A５），画びょう，高校の説明会の資料

活動の流れ（25分）

❶体験した内容を整理する（５分）

T　今日は，高校の説明会に参加してわかったことや感じたことを皆で分かち合おう。まずは，学んだ情報を思い出そう。資料も参考にしよう。

S　高校のどんな情報をシェアすれば良いですか？

T　１つは，参加して新たにわかった情報だね。もう１つは，体験の感想を書くよ。

S　それじゃあ，内容を思い出そう。

S　もらった資料やパンフレットを読み直すのも良いね。

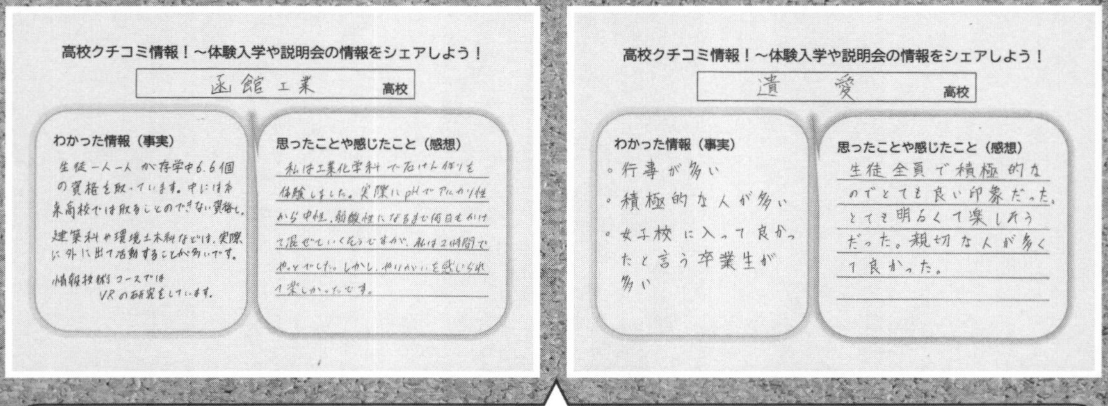

左側の例は公立の工業高校の体験入学，右側の例は私立の女子校のオープンスクールに参加した情報をまとめたカードです。カードの右側にはわかった情報（事実），カードの左側には感じたことを書くようにしています。特に，感想は体験しなければわからないこと（パンフレットなどからはわからない情報）を書くことで，貴重な情報になります。

アレンジ　25分ほどの短時間でできるので，他の活動と組み合わせると良いでしょう。なお，口コミコーナーを最初に作る際は，本時のように学活の時間を使って書き方や活用法を定着させます。しかし，各学校の説明会は８月から11月頃まで，時期に幅があります。そこで，説明会が終わり次第，参加生徒に新たにカードを記入させ，追加して掲示する方法を勧めます。

❷口コミカードを記入する（10分）

T　口コミカードに情報を記入しよう。わかった事実と，感じたことを分けて書くと読み手に伝わりやすくなるし，自分の考えも整理できるよ。

S　書きたいことが多くて困るな…。

T　せっかくなので，感想にはホームページやパンフレットからはわからないような情報を出すと良いと思うよ。

S　それじゃあ，高校の先生や先輩方の雰囲気や，部活の練習の様子を書くことにします。

❸カードの内容を交流する（10分）

T　口コミカードができあがったので，内容を交流しよう。教室内を自由に動き，その高校の体験に行っていない友達に，高校の情報や感想を伝えよう。

S　○○高校は，単位制に特徴があります。自由に授業を選び，自立して学ぶ力が育つようにしているそうです。生徒によって授業が違うから，団結力を高めるために行事も盛んだそうです。

S　へえ，中学校の授業とかなり違うね。

S　科目もけっこう違うよね。

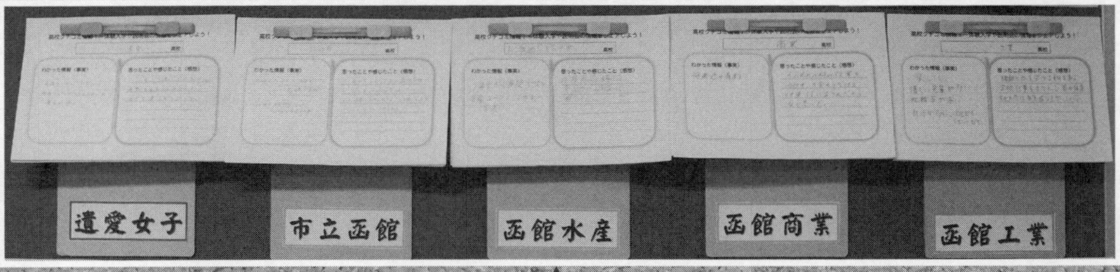

進路コーナーの一角を，高校の口コミコーナーにします。高校ごとに口コミカードをファイリングしています。説明会が開催され次第，ファイルを増やしていきます。また，公立高校と私立高校でファイル自体の色分けをしています。
このように壁の掲示にファイルを使う工夫は，一般的なものですが，高校の情報の掲示としては最適です。なぜなら重ねて貼ることで，生徒はどのような情報があるのか，紙をめくりたくなるからです。掲示で興味を引き，めくるという自発的な行動を促すことで，進路に対する意識が高まるように工夫しています。

10月 19 誘惑撃退＆悪魔のささやき

ねらい

高校入試を含めて学習に力を入れなければいけない時期に，自分の課題を理解して解決への意欲を高めることがねらいです。また，情報機器やゲームなどの誘惑に流されてしまうのは，誰もがもつ悩みです。その悩みを交流すると，共感的に理解できます。学級の仲間同士の信頼関係を築くきっかけになります。最後には「悪魔のささやき」もあえて考えます。

準備物

メッセージを書く用紙（Ｂ４を横長に等分し，枚数は生徒１人３枚程度），水性ペン

活動の流れ（50分）

❶誘惑に負けた例を交流する（15分）

導入で教師自身の失敗談を紹介しながら，わかっていてもできないことがあるのが人間だと気付かせ，活動に入ります。

Ｔ　皆さんには，様々な誘惑に負けて後悔した経験があるはずだね。その経験を伝え合おう。なお，けっして バカにしないことを約束してね。

Ｓ　眠くて，明日の朝起きて勉強しようと思うけど，朝になると無理。

Ｓ　わかるなあ。僕は夜食におやつを食べると止まらないんだよね。

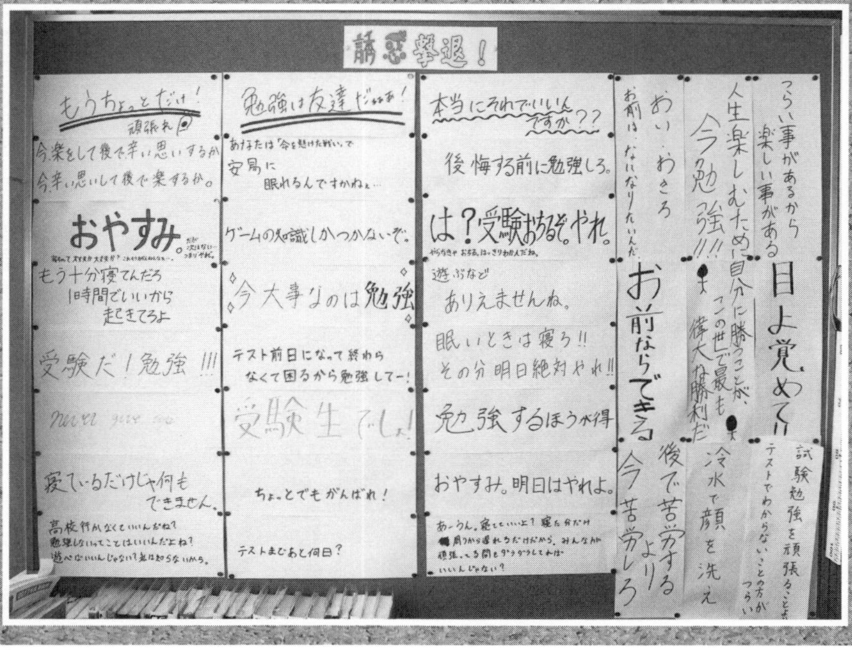

３年生の10月に作成した例です。このように「季節のコーナー」に掲示しました。多くの生徒が，自分に向けたメッセージのように感じていました。また，保護者から普段言われていることを書いた生徒もいました。

アレンジ 「悪魔のささやき」については，誘惑を抑えることに主眼を置く場合は扱う必要度は下がります。ただ，お互いを認め合う関係性を育みたい場合は，撃退メッセージと誘惑メッセージの双方を扱うことが効果的です。また，進路に関する学習として，学活の他に総合的な学習の時間に計画し，すべての学級で実施するという方法もあります。

❷誘惑撃退メッセージを考える（25分）

T　誘惑に負けそうな状況で，自分に対してどのように心の中で呼びかければ良いか考えて，セリフを書こう。

S　ついスマホを触りたくなる時に「本当に良いの？」と自分に言おうかな。

S　僕は部屋にこれを貼っておくかな。

T　それでは，書いたセリフを声に出して発表しよう。

S　私は眠たくて勉強したくない時に「ベッドじゃなくて机に向かおう！　後10分でも良いから」と言いたいです。

❸悪魔のささやきを考える（10分）

T　誘惑撃退のメッセージを見れば，勇気が湧いてくるね。残り時間は，あえて誘惑に負けそうな「悪魔のささやき」を考えてみよう。

S　「勉強は明日やれば良いさ」…これ，けっこう心の中で思っているな。

S　それ，わかるなあ。私も同じ。

S　紙に書くと，気持ちが見えてくるね。

T　「悪魔のささやき」を考えると，この気持ちを乗り越えれば良いということがわかるね。参考にしよう。

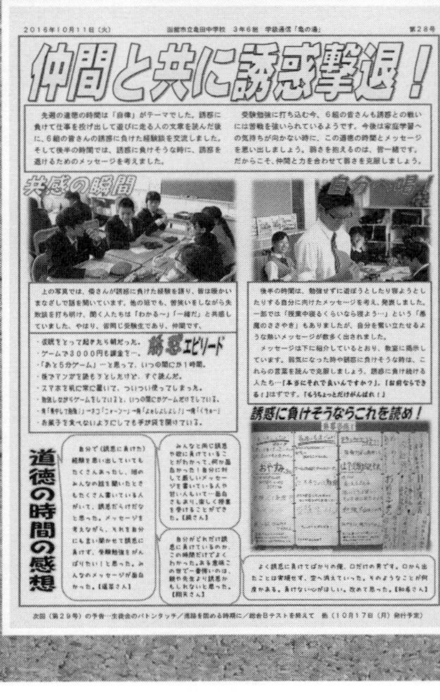
2016年10月11日（火）　函館市立亀田中学校　3年6組　学級通信「亀の湯」　第28号

仲間と共に誘惑撃退！

先週の道徳の時間は「自律」がテーマでした。誘惑に負けて仕事を投げ出して遊びに走る人の文章を読んだ後に，6組の皆さんの誘惑に負けた経験談を交流しました。そして後半の時間では，誘惑に負けそうな時に，誘惑を退けるためのメッセージを考えました。

受験勉強に打ち込む今，6組の皆さんも誘惑との戦いには苦戦を強いられているようです。今後は家庭学習への気持ちが向かない時に，この道徳の時間とメッセージを思い出しましょう。弱さを抱えるのは，皆一緒です。だからこそ，仲間と力を合わせて弱さを克服しましょう。

共感の瞬間

上の写真では，□さんが誘惑に負けた経験を語り，皆は暖かいまなざしで話を聞いています。他の班でも，苦笑いをしながら失敗談を打ち明け，聞く人たちは「わかる～」「一緒だ」と共感していました。やはり，皆同じ受験生であり，仲間です。

誘惑エピソード
・仮眠をとって起きたら朝だった。
・ゲームで3000円も課金を…。
・「あと5分ゲーム」…と思って，いつの間にか1時間。
・後でマンガを読もうとしたけど，すぐ読んだ。
・スマホを机に常に置いて，ついつい使ってしまった。
・勉強しながらゲームをしていると，いつの間にかゲームだけをしている。
・母「集中して勉強！」→ネコ「ニャーン」→俺「よしよしよし！」→母「くぅー」
・お菓子を食べないようにしても手が袋を開けている。

後半の時間は，勉強せずに遊ぼうとしたり寝ようとしたりする自分に向けたメッセージを考え，発表しました。一部では「授業中寝るくらいなら寝よう…」という「悪魔のささやき」もありましたが，自分を奮い立たせるような熱いメッセージが数多く出されました。

メッセージは下に紹介しているとおり，教室に掲示しています。弱気になった時や誘惑に負けそうな時は，これらの言葉を読んで克服しましょう。誘惑に負け続ける人たち…「本当にそれで良いんですか？」「お前ならできる！」はずです。「もうちょっとだけがんばれ！」

誘惑に負けそうならこれを読め！

道徳の時間の感想

自分で（誘惑に負けた）経験を思い出していてもたくさんあったし，班のみんなの話を聞いたときもたくさん書いている人がいて，誘惑だらけだなと思った。メッセージを考えながら，それを自分にも言い聞かせて誘惑に負けず，受験勉強をがんばりたい！と思った。みんなのメッセージが面白かった。【遥菜さん】

みんなと同じ誘惑や欲に負けていることがわかって，何か面白かった！自分に対して厳しいメッセージを書いている人や甘い人もいて一面白さもあり，楽しく授業を受けることができた。【颯さん】

自分がどれだけ誘惑に負けているのか，この時間だけでよくわかった。ある意味この世で一番怖いのは，親や先生より誘惑かもしれないと思った。【翔英さん】

よく誘惑に負けてばかりの俺，口だけの男です。口から出たことは実現せず，空へ消えていった。そのようなことが何度かある。負けない心がほしい。改めて思った。【和希さん】

次回（第29号）の予告…生徒会のバトンタッチ／進路を固める時期に／総合Bテストを終えて　他（10月17日（月）発行予定）

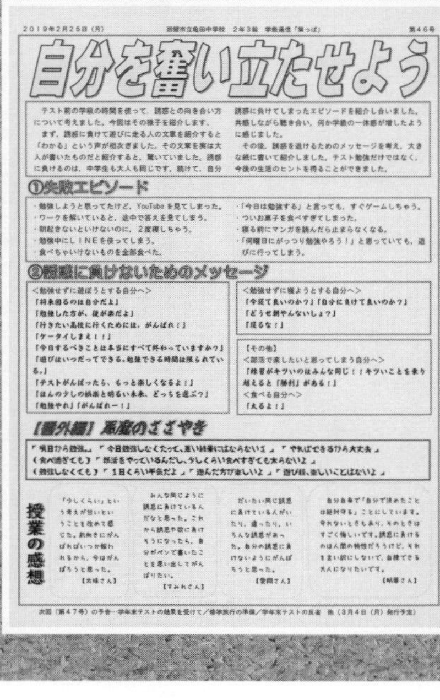
2019年2月25日（月）　函館市立亀田中学校　2年3組　学級通信「葉っぱ」　第46号

自分を奮い立たせよう

テスト前の学級の時間を使って，誘惑との向き合い方について考えました。今回はその様子を紹介します。

まず，誘惑に負けて遊びに走る人の文章を紹介すると「わかる」という声が相次ぎました。その文章を実は大人が書いたものだと紹介すると，驚いていました。誘惑に負けるのは，中学生も大人も同じです。続けて，自分が誘惑に負けてしまったエピソードを紹介し合いました。共感しながら聴き合い，何か学級の一体感が増したように感じました。

その後，誘惑を退けるためのメッセージを考え，大きな紙に書いて紹介しました。テスト勉強だけではなく，今後の生活のヒントを得ることができました。

①失敗エピソード
・勉強しようと思ってたけど，YouTubeを見てしまった。
・ワークを解いていると，途中で答えを見てしまう。
・朝起きないといけないのに，2度寝しちゃう。
・勉強中にLINEを使ってしまう。
・食べちゃいけないものを全部食べた。
・「今日は勉強する」と言っても，すぐゲームしちゃう。
・ついお菓子を食べすぎてしまった。
・寝る前にマンガを読んだら止まらなくなる。
・「何曜日にがっつり勉強やろう！」と思っていても，遊びに行ってしまう。

②誘惑に負けないためのメッセージ
<勉強せずに遊ぼうとする自分へ>
「将来困るのは自分だよ」
「勉強した方が，後が楽だよ」
「行きたい高校に行くためには，がんばれ！」
「ケータイしまえ！！」
「今日するべきことは本当にすべて終わっていますか？」
「遊びはいつだってできる。勉強できる時間は限られている。」
「テストがんばったら，もっと楽しくなるよ！」
「ほんの少しの娯楽と明るい未来，どっちを選ぶ？」
「勉強やれ」「がんばれー！」

<勉強せずに寝ようとする自分へ>
「今寝て良いのか？」「自分に負けて良いのか？」
「どうせ朝やんないしょ？」
「寝るな！」

【その他】
<部活で楽したいと思ってしまう自分へ>
「練習がキツいのはみんな同じ！！キツいことを乗り越えると「勝利」がある！」
<食べる自分へ>
「太るよ！」

【番外編】悪魔のささやき
「明日から勉強。」「今日勉強しなくたって，悪い結果にはならないさ」「やればできるから大丈夫」
（食べ過ぎても）「部活をやっているんだし，少しくらい食べすぎても太らないよ」
（勉強しなくても）「1日くらい平気だよ」「遊んだ方が楽しいよ」「遊び程，楽しいことはないよ」

授業の感想

「少しくらい」という考えが甘いということを改めて感じた。前向きにがんばればいつか報われるから，今はがんばろうと思った。【杏珠さん】

みんな同じように誘惑に負けているんだなと思った。これから誘惑や欲に負けそうになったら，自分がペンで書いたことを思い出してがんばりたい。【すみれさん】

だいたい同じ誘惑に負けている人がいたり，違ったり，いろんな誘惑があった。自分の誘惑に負けないようにがんばろうと思った。【愛翔さん】

自分自身で「自分で決めたことは絶対守る」ことにしています。守れないときもあり，そのときはすごく悔しいです。誘惑に負けるのは人間の特性だろうけど，それを言い訳にしないで，自律できる大人になりたいです。【明華さん】

次回（第47号）の予告…学年末テストの結果を受けて／修学旅行の準備／学年末テストの反省　他（3月4日（月）発行予定）

この実践は家庭学習に関する内容で，保護者の関心が高いため，学級通信で紹介すると効果的です。保護者の声を載せる方法もあります。

10月

20 社会とつながるはがき新聞

ねらい

職場体験学習で学んだ内容をはがき新聞にまとめます。職場体験のように，生徒によって学ぶ内容が異なる活動は，成果の共有が重要です。はがき新聞に作成して，掲示したり学級通信に掲載したりすることで，体験内容や成果を容易に共有できます。また，はがき新聞を実際のはがきに印刷することで，職場体験の受け入れ先に郵送することもできます。

準備物

はがきサイズの原稿用紙，鉛筆，色鉛筆，水性ペン，定規，職場体験のワークシート

活動の流れ（50分）

❶構成を考える（10分）

T　職場体験で体験したことや学んだことを皆にシェアするために，はがき新聞を書こう。

S　今までのはがき新聞と同じように書けば良いですか？

T　他の人は職場体験でどのようなことをしたかわからないので，様子が伝わるように書こうね。また，体験した職場に礼状と合わせて送るから，読み手を意識しよう。

S　それじゃあ，内容とわかったことを具体的に書かないといけないな。

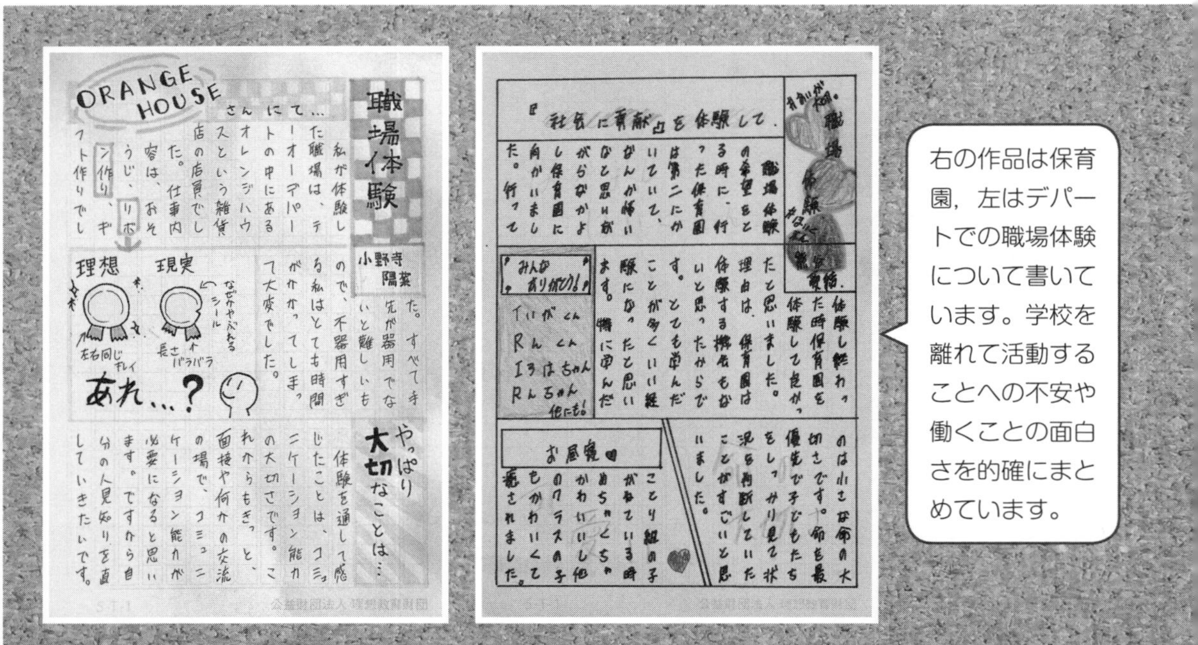

右の作品は保育園，左はデパートでの職場体験について書いています。学校を離れて活動することへの不安や働くことの面白さを的確にまとめています。

アレンジ 本実践は総合的な学習の時間の活動の例ですが，学年で共通してはがき新聞を活用し，掲示する必要があります。特別活動として，自学級のみではがき新聞を作成する方法もあります。

〈参考実践〉『はがき新聞を使った授業づくり―その教育効果と授業実践例』公益財団法人理想教育財団，2012

❷はがき新聞にまとめる（30分）

T　考えた構想を基に，はがき新聞を書き進めよう。

S　介護の職場では，利用者の方々の安全と笑顔を大切にしてたから，トップ記事の見出しは「笑顔を支えるチームワーク」にしよう。

S　仕事の専門用語だけを書いてもわからないから，意味を紹介しよう。

S　礼状と一緒に送るなら，字はいつもより丁寧に書くようにしよう。イラストも描こうかな。

❸内容を交流する（10分）

T　完成したはがき新聞を読み合って，職場体験で学んだことをお互いに交流しよう。４人グループを作ろう。

S　私は，美容室でマネキンを使ってカットの練習と，一緒に体験した友達をモデルにシャンプー体験もしました。会話も大切だとわかりました。

S　コミュニケーションも大切なんだ。

T　職場が違っても，共通して学んだこともあるね。皆さんの作品は，お世話になった職場の方へ印刷して送るよ。

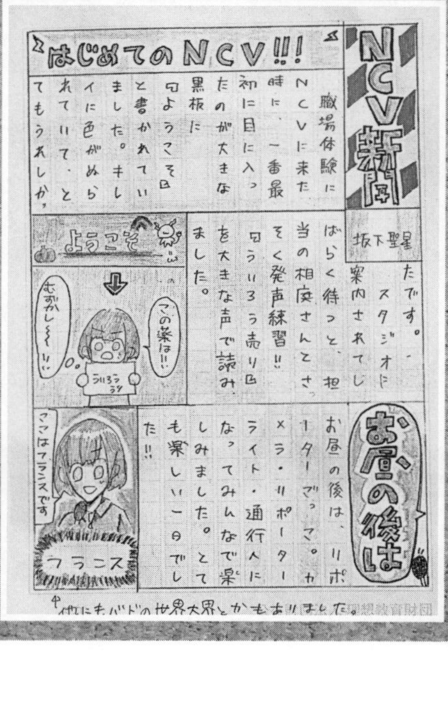

この作品は，ケーブルテレビ局での体験をまとめた例です。漫画があり，読み手にとって体験の様子がイメージしやすくなっています。
職場体験を受け入れた事業所に対して，礼状と合わせて印刷（スキャンした作品をカラー印刷）して送付しました。礼状は，一般的にすぐに送付するのが望ましいとされています。はがき新聞であれば短時間で完成するので，礼状と同封することが可能です。事業所の方にも好評でした。

11月

21 黒板アートでおもてなし

事前指導

黒板アート

行事の日などに教室に入った時，黒板におしゃれなカフェのような絵が描かれていれば，驚きと感動が生まれます。しかし，SNSなどで話題の黒板アートは，チョークではなくパステルを用いるので，簡単に消すことはできません。また，美術の技能も求められます。そこで，ここでは学校にあるチョークを使って，誰もが簡単にできる黒板アートの方法を紹介します。ICTを活用することで，短時間で感動的な作品を生み出すことができます。

指導のポイント

黒板アートは，教師が作成する場合と生徒が作成する場合とがあります。共通するねらいとしては，目にした時に驚きと感動を与えることです。ただし，見せる対象は作成者によって変わります。教師が作成する場合は，生徒に感動を与えるのがねらいになります。生徒が作成する場合は，保護者や来校者などが対象になります。また，係や有志の生徒が作成する場合は，他の生徒を対象とする作品の制作も可能です。

また，黒板アートを作る効果としては，テーマに沿って的確なデザインを考える力や表現する力が養われる点が挙げられます。また，作品を感動してもらうなど評価されることで，自己有用感が高まる効果もあります。

留意点としては，美術の技能の有無に関わりなく，楽しみながら伸び伸びと制作できるようにすることです。そのために，プロジェクターで黒板に画像を投影し，なぞりながら描く方法を勧めます。

また，教師1人でも作成できるくらい簡単なので，学活で行うと手持ち無沙汰になる生徒が多くなるおそれがあります。そこで，黒板アートを作成する生徒が少人数で十分な場合は，他の作業を用意しておいて，並行して活動を行うことを勧めます。あるいは，学活ではなく放課後等の時間を活用するのも良いでしょう。

指導の手順

①テーマに合ったデザインを構想する

ここでは，生徒が描く場合の流れを紹介します。まず，黒板アートを見せたい相手を教師から提示します。「遠くから来校する先生」や「体験入学に来る小学6年生」「生徒会の交流会で来る他校の生徒」「卒業を控えた自分たちに向けて」などです。

そして，その対象となる人が喜ぶために最適なデザインについて議論し，アイディアを募集します。文字を書く場合は，字体についても考えましょう。

②黒板に描く

デザインが決まったら，黒板に絵を描き始めます。プロジェクターで黒板に画像を投影する方法が簡単です。ただし，黒板は横長なので一度に全面に投影するのは困難です。使う画像ごとに，投影する場所を変えると良いでしょう。その際に，先に画像の外側（輪郭）をなぞり，内部を塗るのは後にすると効率的です。

③修正して仕上げる

記事の内容を基にして，一番伝えたいことを見出しにします。描き進めるうちに新しいアイディアが生まれることもあります。その時は生徒たちで相談して柔軟にデザインを変えましょう。描くのが楽しくなって，絵を増やしたくなることはよくあります。ただし，誰に喜んでもらうためのものかなど，テーマや意図から逸脱しないように指導することが大切です。

なお，教師が描く場合は，生徒をどのような気持ちにさせたいかを考えてデザインを考えます。例えば，合唱コンクール当日に黒板アートを描くなら，生徒の成長に触れ，自信をもって歌えるようなメッセージを残すべきです。また，歌う時に生徒の心に残るような絵を描くのも良いでしょう。下の例の原爆ドームの絵は，曲のテーマが原爆の被害だったため，生徒がイメージを具現化しながら歌えるように描きました。この時の生徒たちはプロの審査員を感心させるほどの表現豊かな合唱を披露し，全校グランプリを獲得しました。

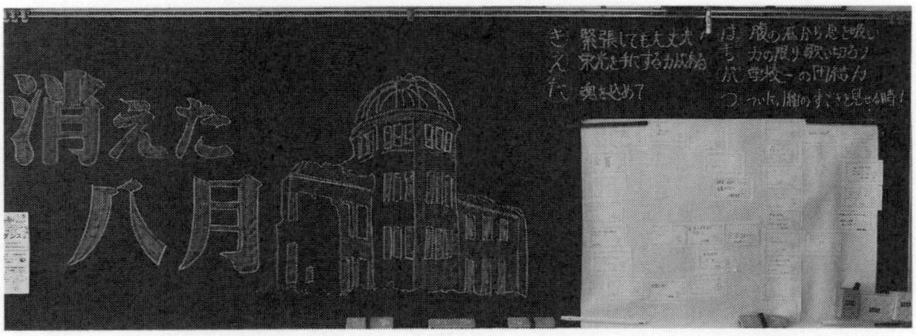

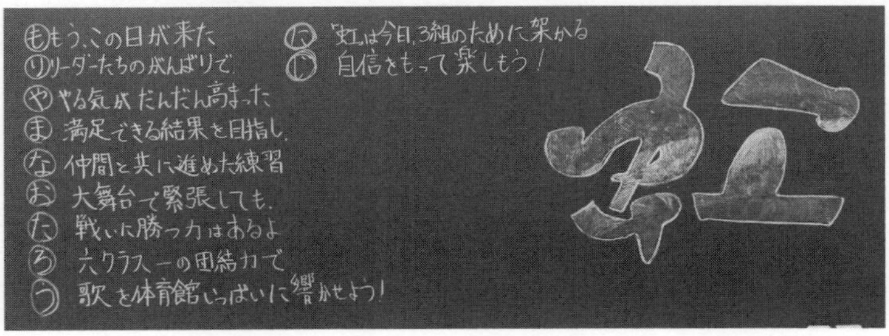

合唱コンクール当日の作品です。レタリングした文字や絵，生徒の意気込み，合唱曲にちなんだ「あいうえお作文」を組み合わせました。どちらも私が書きましたが，生徒でも容易に作成できます。

11月 21 黒板アートでおもてなし

ねらい

外部からの来客が教室を使う際に，おもてなしの意味を込めて黒板アートを記入する実践です。本実践では，研究授業で全国から先生方が来る機会があり，教室が控室となったために黒板アートで地域の魅力を発信しました。

また，教室にノートを用意して感想を自由に記入してもらう工夫によって，生徒は自信をもち，地域と自分の学級への誇りと愛着を深めることができます。

準備物

チョーク，モチーフにする絵や写真

活動の流れ（50分）

❶デザインとレイアウトを考える（20分）

T　今日の学活では，明日の研究大会で来校する方が喜ぶような黒板アートのデザインを考えよう。

S　函館の名物や観光名所を描こう。

S　それじゃあ，函館山の夜景かな。

S　五稜郭も定番だね。

S　西部地区の色々な場所を描こう。

S　新幹線で来る人もいるから，はやぶさを描こう。後はやっぱりイカ。

T　それでは，今意見が出た画像を検索して印刷するね。

研究大会で黒板アートを描き，おもてなしの気持ちを表現した例です。左側の五稜郭，ハリストス正教会，北海道新幹線，右下の赤レンガ倉庫群と函館山，右上の函館山からの夜景は，プロジェクターで投影した画像を基に作成しました。文字とイカ，夜景を見ている猫は生徒の手書きです。

アレンジ 授業時間ではなく，放課後に有志で描く方法もあります。また，研究大会などの機会がない場合は，保護者や地域の方が来校する時に，黒板アートを使うのも良いでしょう。

〈参考実践〉熊沢加奈子『新装版　基礎からのやさしいチョークアート』マガジンランド，2016

❷絵と文字を描く（20分）

T　まずは絵と文字の輪郭をなぞろう。

S　他のイラストもどんどん輪郭だけ描いた方が速くできるな。

S　腕が影になって描きづらい。

T　腕の角度を変えると良いよ。

S　内側を塗りつぶすのは，私に任せて。

S　先生，黒板を描かない人はどうしたら良いですか？

T　教科連絡用のホワイトボードにおもてなしのイラストやメッセージを描こう。９枚あるからたくさん描けるよ。

❸修正して仕上げる（10分）

全体のバランスを考えて，イラストを描き足したり，文字を加筆したりします。

最後に，来校者向けに「感想をお願いします」などのメモと合わせてノートを置き，研究大会の当日に感想を記入してもらうようにします。観光地や展覧会に置いてあるノートのイメージです。後日，ノートの内容を生徒に見せ，保護者向けには学級通信で紹介しました。生徒はおもてなしの気持ちが伝わり，遠方から来た方々とコミュニケーションができたことに満足していました。

作業の様子です。輪郭などの主要な部分を先になぞるなど，下書きの際にプロジェクターを使います。色塗りの作業は，原版のイラストや写真を見ながら描くと効率的です。

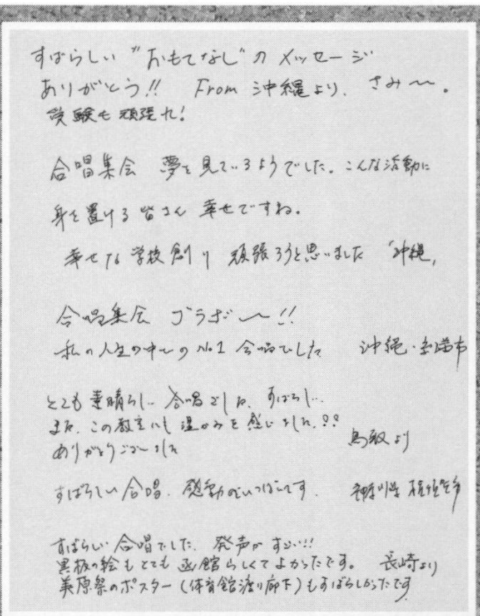

全国からの来校者の感想です。

11月

22 今年の内に学級力アップキャンペーン

ねらい

11月になると，学級単位で参加する行事がなくなり，日常の生活の充実が課題となります。そこで，５月から繰り返し行ってきた学級力アンケートの結果について，その推移に着目させます。学級力は，変化の仕方が項目によって異なります。その原因と解決策を論理的に考えることで，よりよい学級づくりに向けた合意形成に説得力と実効性が増加します。

準備物

これまでの学級力アンケートの結果，スマイルアクション（具体的な解決策の例）の一覧

活動の流れ（50分）

❶議題を確認する（５分）

S　今日の議題は，１組の「学級力」を上げる方法を決めることです。

S　話合いの柱は，これまでの学級力アンケートの結果を見て，１組の学級力の変化の状況に注目して，よりよい学級にするための方法を考えることです。

T　折れ線グラフで変化の全体像を捉えて，表の数値で具体的に変化の状況を確認すると，議論しやすいよ。

S　それでは，議事に移ります。まず，グラフを各自読む時間を３分とります。

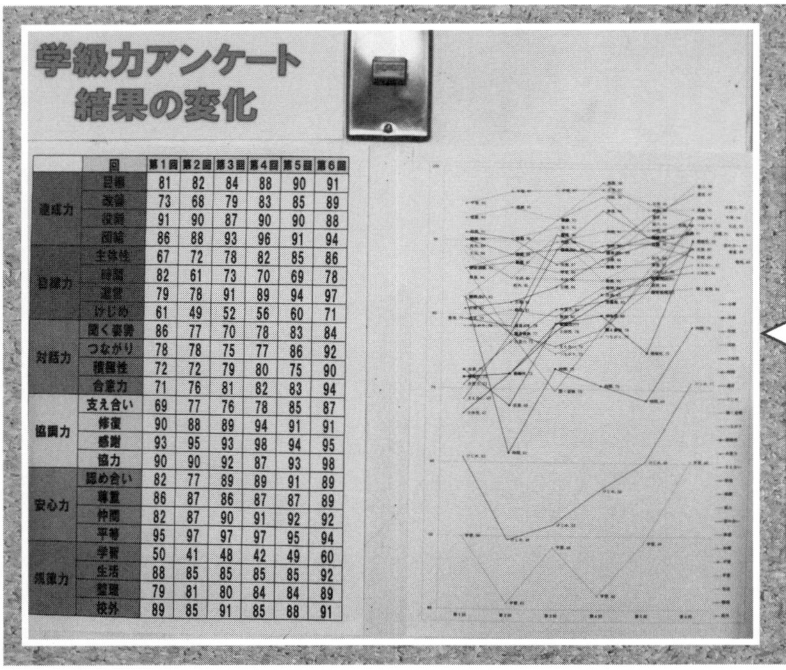
学級力アンケート
結果の変化
回 第１回 第２回 第３回 第４回 第５回 第６回
達成力 目標 81 82 84 88 90 91
改善 73 68 79 83 85 89
役割 91 90 87 90 90 88
団結 86 88 93 96 91 94
自律力 主体性 67 72 78 82 85 86
時間 82 61 73 70 69 78
運営 79 78 91 89 94 97
けじめ 61 49 52 56 60 71
対話力 聞く姿勢 86 77 70 78 83 84
つながり 78 78 75 77 86 92
積極性 72 72 79 80 75 90
合意力 71 76 81 82 83 94
協調力 支え合い 69 77 76 78 85 87
修復 90 88 89 94 91 91
感謝 93 95 93 98 94 95
協力 90 90 92 87 93 98
安心力 認め合い 82 77 89 89 91 89
尊重 86 87 86 87 87 89
仲間 82 87 90 91 92 92
平等 95 97 97 97 95 94
規律力 学習 50 41 48 42 49 60
生活 88 85 85 85 85 92
整理 79 81 80 84 84 89
校外 89 85 91 85 88 91

第１～６回の学級力アンケートの結果について，左側は表，右側は折れ線グラフを掲示しています。アンケートはこのように毎月ではなく，隔月でも十分です。なお，表は学級力向上プロジェクトでは一般的な実践ですが，折れ線グラフについては，私が考案しました。学級の変化を視覚的に把握しやすくなります。

アレンジ 今回は例示されている解決策（スマイルアクション）から選択していますが，オリジナルの解決策を具体的に考えさせると，自治的な力や創造力を一層育む効果があります。

〈参考実践〉田中博之編著『学級力向上プロジェクト』金子書房，2013／田中博之編著『学級力向上プロジェクト２』金子書房，2014／田中博之編著『学級力向上プロジェクト３』金子書房，2016

❷グラフから課題を見いだす（15分）

S　これまでの学級力アンケートの結果をまとめたグラフと表を見て，１組の課題を出し合いましょう。

S　達成力や自律力はだんだんと上がっているけれど，規律力はほとんど変わっていない。何でだろう。

S　慣れてきて，みんな仲良くなると，逆にけじめがつかなくなるのかな？

S　最近上がっている対話力の高さを生かして，規律力も上げる方法を考えよう。そうすればすべての力が上がる。

❸解決方法を議論して決定する（30分）

S　それでは，解決策を考えて決定しましょう。

S　私は学習ルールを決めるのが良いと思います。内容はみんなで考えよう。

S　教科ごとに重点ルールを作るのはどうかな？

S　その方法なら，教科係と生活係が話し合って，それぞれの教科のルールを考えると良いね。

S　学習ルールに決めると，多くの人が納得できそうですが，良いですか？

実際の学級会で選ばれた解決策を掲示することで，生徒も解決への意欲を継続しやすくなります。学級会で決まったことは，各係などに準備や実行を任せます。それによって，学級の多くの生徒が学級づくりに主体的に参画できるようになります。

12月

23 サンタさんへの手紙

ねらい

サンタクロースへの手紙を書くという活動で，ねらいは3点あります。1点目は，願いを書くことをきっかけにして将来の目標の決定へつなげることです。2点目は，仲間と一緒に童心に返るような活動を行うことで，学級の雰囲気を温かくするためです。3点目は，年中行事を学校で行い，季節の移ろいを教室で感じることができるようにするためです。

準備物

プレゼントをお願いする用紙，鉛筆，水性ペン

活動の流れ（50分）

❶幼児への説明の仕方を考える（20分）

サンタクロースへの関心を高めるために，最初は「もし，小さい子どもに『サンタさんって本当にいるの？』と聞かれたら，何と説明するかな？」と問いかけます。生徒たちは，幼児に実際に語りかけるような言葉で説明しようとします。考えた内容は，全体で交流します。

続けて，説明の参考として，絵本（てるおかいつこ『サンタクロースってほんとにいるの？』福音館書店，1982）を紹介します。そして，範読を行います。

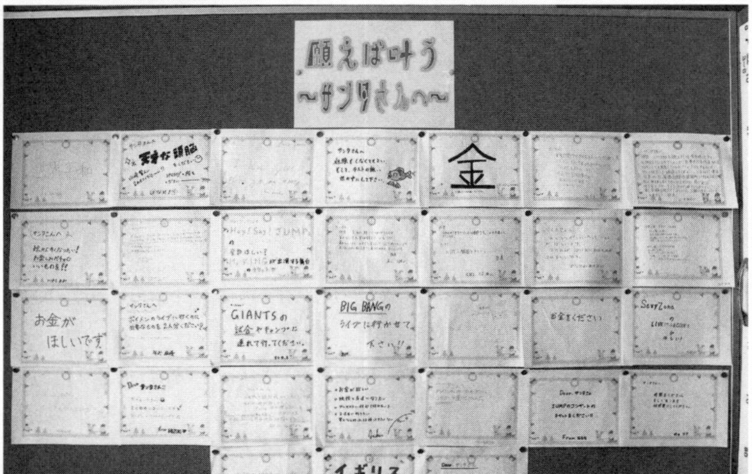

願い事を書くという点では7月に行う七夕の実践に近い内容です。しかし，違いもあります。それは，サンタクロースという相手が明確な点です。生徒の中には丁寧な表現にするなど，工夫が見られます。このように，計画的・系統的に活動を行うことで，生徒の力が着実に身につきます。

アレンジ 活動の前半（サンタクロースがいるのかという質問への答え方を考えること）を省略すると，活動時間が短くなり，朝や帰りの会で実施することもできるようになります。また，カードを配布し，生徒各自に書いてもらうという方法もあります。私の場合は，クリスマスパーティーの学級レクと組み合わせて実行し，生徒がクリスマス気分を味わえるようにしています。

❷サンタさんへの手紙を書く（20分）

T　サンタクロースの話をしたので，せっかくだから手紙を書こう。

S　何年振りだろう。

T　小さかった頃に手紙を書いた経験がある人は，思い出しながら書くと良いね。初めて書く人は，幼児になったつもり書こう。あえて平仮名を使っても面白いよ。

S　何をおねだりしようかな。

S　よし！　ほしいプレゼントを書くだけではなくて，「良い子にして」いることも手紙で伝えようっと！

❸カードの内容を交流する（10分）

T　懐かしい気持ちになっていると思うけれど，書いた内容を班の仲間に発表しよう。恥ずかしがらないでね。

S　私は，高校に合格できるように「天才な頭脳」をお願いしたよ。やっぱり受験生だからね。

S　面白いけど，それは自分の力でがんばろうよ。僕は「平和な世界」にしたよ。

S　みんな変わったものを頼んでいるな。僕はゲーム機にしたよ。サンタさんへのねぎらいの言葉も書いたよ。

2016年12月12日（月）　函館市立亀田中学校　3年6組　学級通信「亀の湯」　第37号

童心に返る受験生

クリスマスが近づいていますが，6組の皆で先日サンタさんへの手紙を書きました。「何年振りだろう」という声が上がっていましたが，リラックスした雰囲気で，とても楽しそうに書いていました。書きあがった手紙は教室に掲示しています。受験のストレスにさらされている最中ですが，ちょっとした息抜きになったようです。

ここでは個性豊かな手紙から，私の印象に残ったものをいくつか紹介します。どれも，幼児とは違う意味でほほえましい手紙です。プレゼントが届かなくても，合格通知が届くことを信じてがんばりましょう。

なりすまし　In English　15歳の手紙

I love you

英語の方が伝わりやすいと考えたのでしょう。英語力を向上させるきっかけになったかもしれません。

書き出しが，どこかで聞いた歌のようです。謙虚なのかどうか，サンタさんも判断に迷いそうな手紙です。

やっぱり受験生　やっぱり受験生　パート2　やっぱり受験生　パート3

天才な頭脳

サンタさんへ

勉強をしなくてもよい，そして，テストの無い世の中にして下さい。

丁寧な書き出しから，大胆なプレゼントを要求しています。皆，のどから手が出るほど欲しいでしょうが，入試は自力でがんばりましょう。

争いのない世の中は私も熱望します。しかし，勉強をしなくても良い世の中は，教師としては賛同しかねます。

時空を超え，叶えば良い　優しい和希

イギリス　明治時代

世界平和

たしかに，世界中の子どもにプレゼントを渡すサンタさんなら，時空を超えることもできそうです。

今回の手紙の中で，私の印象に一番残ったのが，左の和希さんの手紙です。サンタさんをいたわる優しさが，とても素敵です。読んでいて心が温まりました。

次回（第38号）の予告…師走の清掃／朝から面接練習／綱引きへの挑戦／道徳「情報モラル」　他（12月19日（月）発行予定）

サンタクロースへの手紙の中から，何枚かを選抜して学級通信で紹介しました。英語で書いてある作品や，幼児風にひらがなで書いたり，わざと文字や絵を下手に書いたりするなど，生徒は楽しみながらも工夫していました。他には，サンタクロースを気遣って「たまにはゆっくり休んでください」とねぎらいの言葉を書いた生徒もいました。保護者の方からも「10年ぶりにうちの子がサンタさんに手紙を書いたのを見たわ」という声をいただきました。

1月

24

ゴールを意識させる冬の絵日記

ねらい

夏休みに続き，冬休み明けにも絵日記を作成します。夏の絵日記と同様に，気持ちの切り替えや表現力の向上などの効果があります。それに加え，冬の絵日記では，迫る進級や進学へ生徒の意識を向けさせることに力を入れます。絵日記の作成と3学期の個人目標を関連付けて，自己実現に向けて粘り強く努力できるようにします。

準備物

絵日記の用紙（A5判。絵の部分は写真のL判と同じ大きさ），鉛筆，色鉛筆，水性ペン

活動の流れ（50分）

❶絵日記の題材について考える（10分）

T　冬休みを振り返って，絵日記を書こう。夏休みと違う条件が1つあるよ。冬休みに体験したことから，これからの学校生活にプラスになるようなことを選び，絵日記にしよう。

S　もうすぐ3年生だから，受験に向けて勉強をがんばったことを書こう。

S　私は，最後の中体連まで実は残り半年しかないと気付いて，今までよりも部活の練習をみんなと一生懸命にがんばったことを絵日記に描こう。

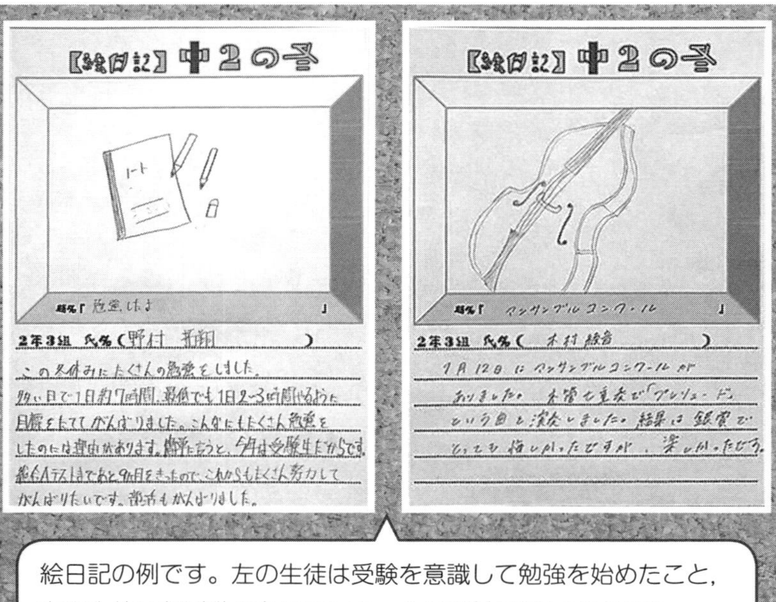

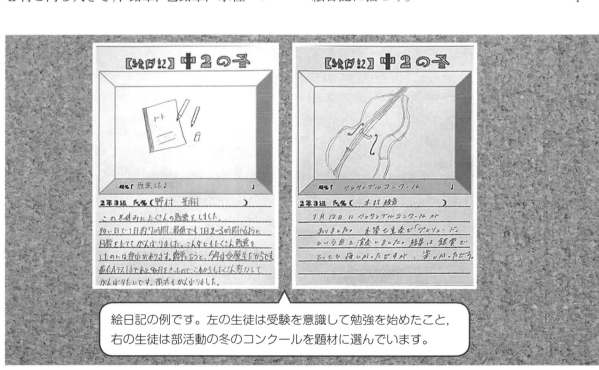

絵日記の例です。左の生徒は受験を意識して勉強を始めたこと，右の生徒は部活動の冬のコンクールを題材に選んでいます。

アレンジ 夏休みの絵日記と同じく，長期休業中の宿題にすると掲示をする作業だけで済みます。また，夏休みより発展させたい場合は，用紙のサイズを大きくして絵や文章をたくさん記入するようにしたり，絵日記ではなくはがき新聞にしたりする方法があります。また，休み中の生活に関する保護者のコメントと絵日記を組み合わせて掲示すると，保護者参加型の活動になります。

❷絵日記を作成する（25分）

S　先生，絵は描けたけど，文が難しいです。テーマは友達とスケートをした思い出にしたけど，これからの学校生活にプラスになる内容にするというのがよくわからないです。

T　あと３か月でクラス替えがあることに注目するとどうかな？

S　そうか，〇〇さんと同じクラスなのもあと少しだから，学校でもいっぱい話して，他の人とも積極的に関わって，遊びにも行きたいな。それを書こう。

❸絵日記の内容を紹介する（15分）

T　絵日記の内容を班ごとに交流しよう。

S　僕は初詣のことを書きました。合格祈願の絵馬を見て，自分も１年後に書くんだって思いました。〇〇高校に行くために，今からがんばります。

T　それでは，絵日記に書いたことを参考にしながら，３学期の個人目標を立てて，発表しよう。

S　もうすぐ３年生，そして受験生になるので，３学期は家庭学習を毎日１時間増やして，数学をがんばりたいです。

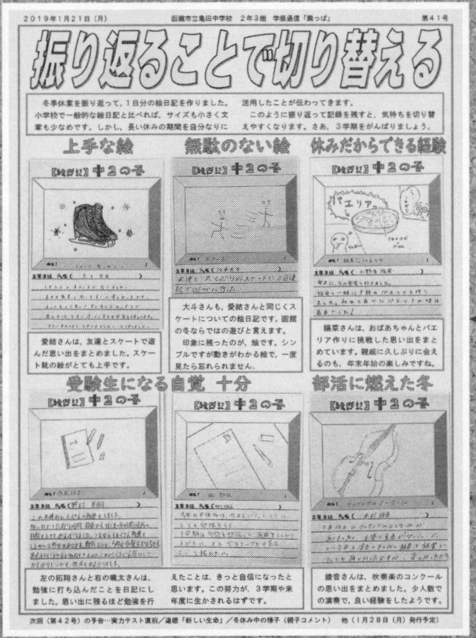

2019年1月21日（月）　函館市立亀田中学校　2年3組　学級通信「葉っぱ」　第41号

振り返ることで切り替える

冬季休業を振り返って，１日分の絵日記を作りました。小学校で一般的な絵日記と比べれば，サイズも小さく文章も少なめです。しかし，長い休みの期間を自分なりに活用したことが伝わってきます。

このように振り返って記録を残すと，気持ちを切り替えやすくなります。さあ，３学期をがんばりましょう。

上手な絵

愛結さんは，友達とスケートで遊んだ思い出をまとめました。スケート靴の絵がとても上手です。

無駄のない絵

大斗さんも，愛結さんと同じくスケートについての絵日記です。函館の冬ならではの遊びと言えます。

印象に残ったのが，絵です。シンプルですが動きがわかる絵で，一度見たら忘れられません。

休みだからできる経験

陽菜さんは，おばあちゃんとパエリア作りに挑戦した思い出をまとめています。親戚に久しぶりに会えるのも，年末年始の楽しみですね。

受験生になる自覚　十分

左の拓翔さんと右の颯太さんは，勉強に打ち込んだことを日記にしました。思い出に残るほど勉強を行えたことは，きっと自信になったと思います。この努力が，３学期や来年度に生かされるはずです。

部活に燃えた冬

綾音さんは，吹奏楽のコンクールの思い出をまとめました。少人数での演奏で，良い経験をしたようです。

次回（第４２号）の予告…実力テスト直前／道徳「新しい生命」／冬休み中の様子（親子コメント）　他（１月２８日（月）発行予定）

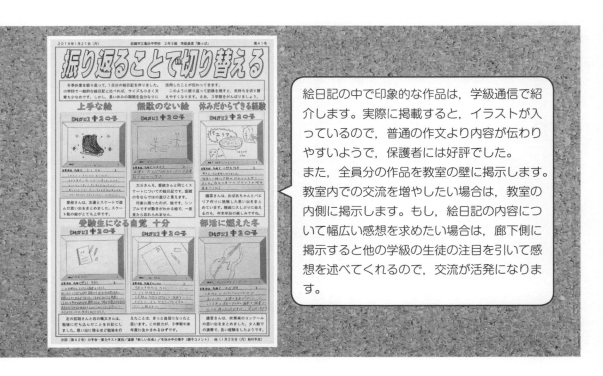

絵日記の中で印象的な作品は，学級通信で紹介します。実際に掲載すると，イラストが入っているので，普通の作文より内容が伝わりやすいようで，保護者には好評でした。
また，全員分の作品を教室の壁に掲示します。教室内での交流を増やしたい場合は，教室の内側に掲示します。もし，絵日記の内容について幅広い感想を求めたい場合は，廊下側に掲示すると他の学級の生徒の注目を引いて感想を述べてくれるので，交流が活発になります。

1月

25

はがき新聞で最後の意気込み

ねらい

学習指導要領における学級活動(2)の実践として，３学期（後期後半）の個人の目標を意思決定し，はがき新聞を使って表現します。１年間の学校生活のゴールが自然と意識される時期であり，中学３年生であれば受験や卒業も間近です。学級目標の達成とも関連付けながら，はがき新聞を通して３学期の学校生活への意欲を向上させるねらいがあります。

準備物

はがきサイズの原稿用紙，鉛筆，色鉛筆，水性ペン，定規

活動の流れ（50分）

❶はがき新聞の構想を立てる（５分）

T　中学○年生として過ごす期間は，残りわずか２か月になったね。そこで，残り２か月で自分自身や学級全体のためにどんなことを決意するか考えよう。

S　受験まで１か月を切ったから，合格へのラストスパートの決意にしよう。

T　クラスのゴールとして，学級目標の達成も意識できると良いね。

S　私は，このクラスのみんなと過ごすのもあと少しだから，学級目標の通り，思いやりのある行動を意識したい。

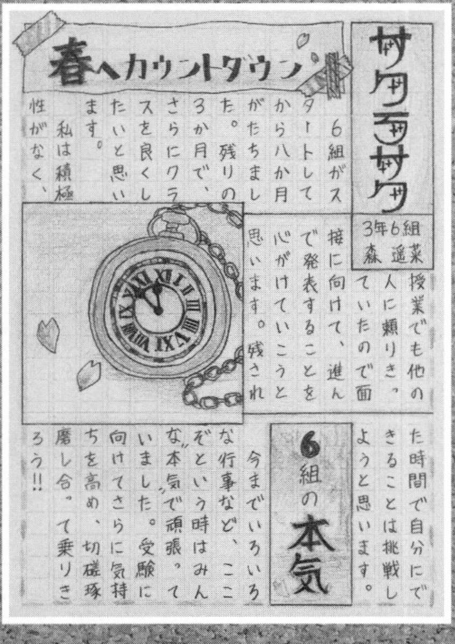

春へカウントダウン

サクラサク

3年6組　森 遥菜

6組がスタートしてから八か月がたちました。残りの3か月で、さらにクラスを良くしたいと思います。

私は積極性がなく、授業でも他の人に頼りきっていたので面接に向けて、進んで発表することを心がけていこうと思います。残された時間で自分にできることは挑戦しようと思います。

6組の本気

今までいろいろな行事など、ここぞという時はみんな"本気"で頑張っていました。受験に向けてさらに気持ちを高め、切磋琢磨し合って乗りきろう!!

まだ間に合う!!

きた風

3年6組　大塚修

公立入試まで残り92日あまりとなりました。ぼくは今まで人一倍努力してきませんでした。今さら遅いという考えは捨て、人の数百倍努力することを誓います。

喝

苦手教科克服!!と、いいつつも参考書ではなく液晶画面ばかり見ていたのも、もう過去のものです。さあ、勉強勉強!! 頑張れ!! 受験生!!

辛いのは自分だけじゃない。

あと3か月頑張れば明るい未来は待っているはずです。自分の未来を決められるのは自分だけです。今、頑張らなければ一生背負うものになってしまいます。別れもあり、体も心もぼろぼろになるかもしれませんが、出会いがあれば別れもある!!頑張れ!!

３学期の意気込みをはがき新聞にまとめた例です。右の生徒は，入試，左の生徒は入試と卒業に向けて力を入れるべきことを考えて，決意を表現しています。

アレンジ　3学期はまとめの時期で他の活動が多く入ることがあります。特に中学3年生の場合は，進路に関わって学年の全学級でそろえて行う活動（面接練習など）が入り，学級裁量での活動が難しくなるおそれがあります。そのような場合は，生徒の負担にならないように配慮しつつ，朝の会や帰りの会で5分程度の作業時間を連続して確保するという方法もあります。

❷はがき新聞を作成する（35分）

S　何枚もはがき新聞を書いているから，同じような形になってしまう…。

T　形は一緒でも，内容に工夫をすると良いよ。例えば，進級した時に書いた「決意の一文字」を改めて書いたり，別の文字に変えたりして，4月と今との気持ちの違いに触れるのはどうかな。

S　私は，卒業の時も合格発表の時も笑顔になりたいから，スマイルの絵を描きます。そして，笑顔になるためにがんばりたいことを文章にします。

❸3学期の意気込みを述べる（10分）

T　それでは，1人1人，はがき新聞に書いた決意を発表しよう。はがき新聞は，実物投影機で拡大して映すようにするから，順番に前に出て発表してね。

S　私は，学級目標の中の「挑戦」に注目して，受験という挑戦に成功するために勉強し続けることを決意します。

S　僕も同じ受験のことです。みんなで一緒に勉強したり，教え合ったりして協力するのを大切にして，クラスのみんなとの仲をもっと深めたいです。

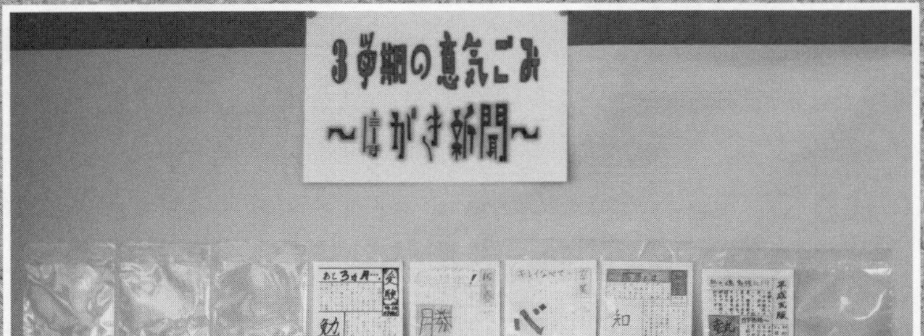

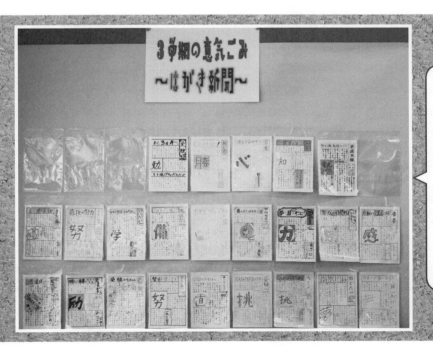

これまでと同様に，完成したはがき新聞は教室に掲示します。この写真の例では，丁寧に仕上げようとする生徒が多く，この時点では全員分がそろっていません。完成次第，追加で掲示しました。

1月

26 夢を目標に変えるマンダラ夢マップ

事前指導

マンダラ夢マップ

マンダラ夢マップとは，目標設定のための思考法とツールです。参考にした実践は様々な呼称があり，1980年代にはデザイナーの今泉浩晃氏によるマンダラートと，経営コンサルタントの松村寧雄氏によるマンダラチャートが開発されました。近年では，教育者の原田隆史氏が「オープンウィンドウ64」として広めています。私の実践ではマンダラ夢マップと呼び，夢を達成するための具体的な目標や必要な努力を可視化する活動を行います。

指導のポイント

マンダラ夢マップは，９×９のマスに夢に関する言葉を書き入れます。考えを多く出したい時や，目標を具体的にしたい時に有効です。思考法として，２つの優れた点があります。

１点目は，思考が整理されることです。マインドマップ（本書 p.86）に比べると，１つの大きな目標と，その目標を達成するために必要な８つのこと，そして64個の具体的な行動というように，記入に制限があります。そのため，思考が拡散した後に収束し，目標達成への道筋が明確になります。また，無関係だと考えていた要素のつながりが見えることがあります。

２点目に，スモールステップで努力できることです。１枚の紙にまとめて書くと，目標達成に必要なことを多面的に理解し，細分化された目標を達成する経験を重ねることができるようになります。小さな目標の達成が自信につながり，大きな目標の実現への動機付けになります。

指導上の留意点として，すべてのマスを埋めることが難しい場合は，無理に書かせる必要はありません。中央に配置した最大目標を達成することがねらいです。それを達成するために必要な要素が，ちょうど８つになるとは限りません。

なお，この実践については，今泉浩晃『超メモ学入門　マンダラートの技法』（日本実業出版社，1988）及び，松村剛志『仕事も人生もうまくいく！【図解】９マス思考マンダラチャート』（青春出版社，2018），原田隆史・柴山健太郎『一流の達成力』（フォレスト出版，2017）などを参考とし，特に原田隆史氏の実践を土台としながら，私なりにアレンジを加えています。

指導の手順

①最大目標を決める

最も達成したいと考える目標を「最大目標」として，９×９マスの中心に配置します。現時点での人生最大の夢を書きます。必要に応じて，過去に作成した夢マップを参考にしましょう。

なかには，夢が漠然としている生徒もいます。その場合は中央に「夢」に書いて，発想を広げながら具体的な夢を最大８つほど考えさせると良いでしょう。

②中目標を考えて記入する

中央に書いた最大目標を達成するための「中目標」を，最大目標の周囲８つのマスに記入します。中目標は，最大目標を構成する要素であり，それを８つに分けることになります。

マップに表現することで，生徒たちはそれらの８つの要素が最大目標の達成に必要な条件であると認識できるようになります。単なる夢ではなく，達成可能な目標へと変化していきます。

③小目標を記入する

８つの中目標を考えたら，それぞれの中目標の達成につながるような「小目標」を考えます。中央部の３×３のマスの周囲の72マスを埋めます。

まずは，８つの中目標を周辺の３×３のマスの中央に記入します。そして，それぞれの中目標の周囲の８マスに，小目標を記入していきます。内容としては，行動や性格，必要な力，人的・物的資源などを記入します。具体的な数字や量，期日などを設定するとさらに効果的です。

また来たいと思ってもらえるようにする	宣伝する	ビデオをとって改善点を見つける	ネックを見ずに弾く	愛着をわかせる	リズム感	毎日歌う習慣	お腹から声を出す	ビブラート
考えて曲順を決める	ライブ	照明を考える	スラップ練習	ベース	キレのよいピッキング	尊敬する人の歌を聞く	歌	Hey!Say! JUMPのLIVE
音響さんにあいさつを忘れない	MCをグダグダにしない	定番曲をつくる	好きなバンドのライブに行く	機材を買うためにアルバイト	人音読めるようにする	絶対音感	音域を広くする	ハモリを身につける
チャンスがあれば応募	指ばかり見ないで演奏する	グランプリ	ライブ	ベース	歌	旅行する	スタジオで練習する	ジャニーズのカウコンに行く
歌を上手にする	オーディション	間違えないようにする	オーディション	Cherrysで東京ライブ	メンバーとさらに仲良く！	たくさん遊ぶ	メンバーとさらに仲良く！	たくさん話す
印象を強くする	練習をたくさんする	こまめにチェックする	オリジナル曲	函館のイベントでライブ	デビューする！	たくさん出かける	同じ高校に行く	カラオケで歌の練習をする
メンバーの曲で詞をかく	どの音かすぐ弾けるようにする	ソロパートを考える	知名度をあげる	たくさんのお客さんに来てもらう	ファンをつくる！	FMいるかにまた出させてもらう	テレビに出る！	大きなイベントに出る
見せ場をつくる	オリジナル曲	打ち込みの機械を買う	出演者と仲良くなる	函館のイベントでライブ	もっと函館を知る	ライブの経験を積む	デビューする！	持ち歌を増やす
メンバーの詞で曲をつくる	いろんな曲の良いところをとり入れる	作詞作曲のコツを勉強する	人前での演奏に慣れる	人見知りをなおす	他のバンドを見て勉強	知名度をあげる	東京に行く	CDをつくる

中学生の頃から音楽活動をしていた生徒の作品です。「東京ライブ」という最大の目標達成に必要なことを「オリジナル曲」「歌」「メンバーとさらに仲良く！」などの要素に分類しています。そして，それぞれの要素を達成にするために必要なことを具体的な行動や内面の目標として記入しています。

1月

26

夢を目標に変えるマンダラ夢マップ

ねらい

学習指導要領における学級活動の(3)「一人一人のキャリア形成と自己実現」のまとめの内容として，夢を具現化し，必要な努力を可視化するのがねらいです。将来の夢に関して継続的に学習してきた内容の集大成として取り扱います。また，このマップを使うと，夢の実現に向けた努力の状況を生徒が定期的に振り返ることが容易になります。

準備物

9×9のマス目を印刷した用紙，鉛筆，色鉛筆，水性ペン

活動の流れ（50分）

❶マップの中心に書く夢を決める（5分）

T　過去に２度作ってきた夢マップだけど，今回が最後だよ。「マンダラ夢マップ」を作るね。難しく見えるかもしれないけど，大丈夫。９×９のマス目の中央に，まずは一番叶えたい夢を考えて書こう。

S　１つの夢に絞れない時はどうしたら良いですか？

T　中心に「夢」と書いて，その周りに８つの夢を具体的に書く形でも良いよ。

S　たくさん夢があるから，そうしよう。

S　私は「声優になる」にしよう。

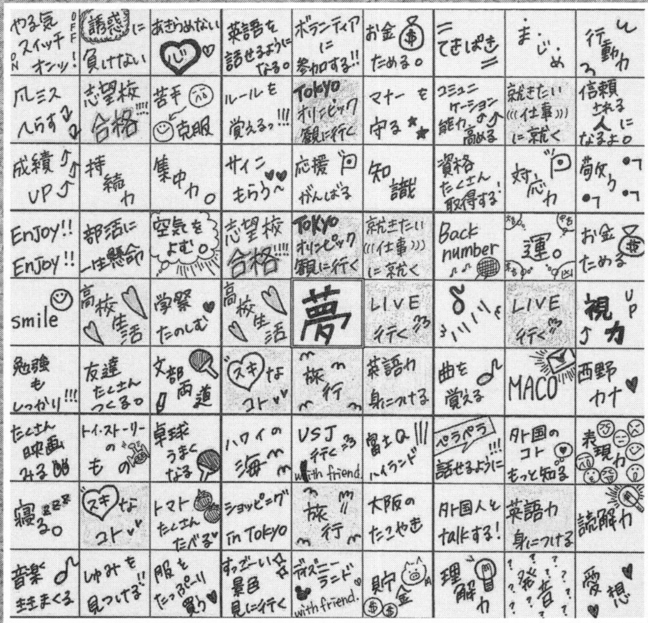

中央に「夢」と書き，その周囲に「英語力を身につける」「高校生活」などの８つの夢を書いた生徒の例です。文字だけではなく絵や図を描きいれることで，見やすくする工夫を図っています。夢を実現する64個の語句に，１つも重複がないようにしている点に感服します。ただの夢で終わらせずに，達成可能な目標に変化できています。

アレンジ 時間を短縮する場合は，３×３マスにしたり，小目標のマス目を作らずに箇条書きで記入したりする方法があります。また，すべて埋めなくても良いことにしても短縮できます。

〈参考実践〉原田隆史・柴山健太郎『一流の達成力』フォレスト出版，2017

❷中目標と小目標を考える（35分）

T　中心に書いた夢の達成に必要なことを，その周りの８つのマスに書こうね。さらに，その８つのことを達成するために必要なことを外側の３×３マスの中にそれぞれ書くよ。

S　たくさんあって思いつかない…。

T　８つの中目標が１つでも決まったら，それに注目して深めても良いよ。

S　志望校合格には，５教科の学力と面接対策，体力，計画実行力が必要だな。まずは，数学から考えよう。

❸夢マップ交流会を行う（10分）

T　力作が完成したね。今日は，班の中で作品を紹介し合おう。

S　私は，ディズニーのキャストになるために必要なことを考えました。

T　残り５分だけど，各班を１人ずつ代表を決め，皆に向けて発表をしよう。

S　僕はサッカーでインターハイ出場を最大目標にしました。ドリブル・シュート・守備力・体力・視野・頭脳・チームワーク・コミュニケーションが達成には必要だと考えました。

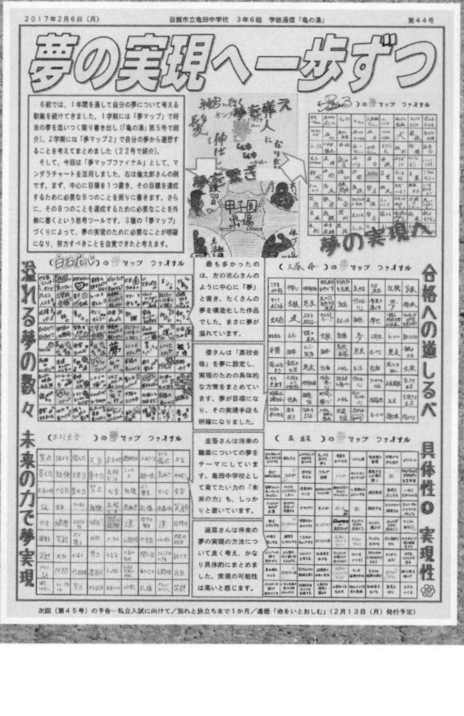
2017年2月6日（月）　函館市立亀田中学校　3年6組　学級通信「亀の湯」　第44号

夢の実現へ一歩ずつ

6組では，1年間を通して自分の夢について考える取組を続けてきました。1学期には「夢マップ」で将来の夢を思いつく限り書き出し（「亀の湯」第5号で紹介），2学期には「夢マップ2」で自分の夢から連想することを考えてまとめました（22号で紹介）。
そして，今回は「夢マップファイナル」として，マンダラチャートを活用しました。右は倫太郎さんの例です。まず，中心に目標を1つ書き，その目標を達成するために必要な8つのことを周りに書きます。さらに，その8つのことを達成するために必要なことを外側に書くという思考ツールです。3種の「夢マップ」づくりによって，夢の実現のために必要なことが明確になり，努力すべきことを自覚できたと考えます。

（　）の夢マップ　ファイナル

溢れる夢の数々

最も多かったのは，左の花心さんのように中心に「夢」と書き，たくさんの夢を構造化した作品でした。まさに夢が溢れています。

渉さんは「高校合格」を夢に設定し，実現のための具体的な方策をまとめています。夢が目標になり，その実現手段も明確になりました。

合格への道しるべ

未来の力で夢実現

圭吾さんは将来の職業についての夢をテーマにしています。亀田中学校として育てたい力の「未来の力」も，しっかりと書いています。

遥菜さんは将来の夢の実現の方法について良く考え，かなり具体的にまとめました。実現の可能性は高いと感じます。

具体性◎　実現性

次回（第45号）の予告…私立入試に向けて／別れと旅立ちまで1か月／道徳「命をいとおしむ」（2月13日（月）発行予定）

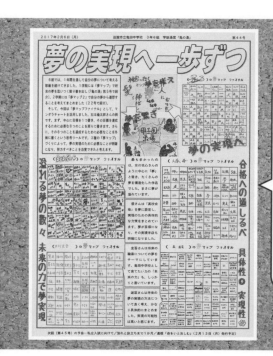

完成した夢マップは，教室の壁または個人ロッカーに掲示する他，学級通信でも紹介します。左が，実際に何人かの作品を学級通信で紹介した例です。
保護者の反響が大きく，「うちの子が夢を実現するためにこんなにたくさんのことを考えているなんて」という驚きの声もありました。また，全員分の作品を見たいという要望から，卒業文集にも掲載しました。また，この通信では３度行った夢マップづくりの変遷も紹介し，生徒が夢を具体化させる様子が伝わるようにしました。

1月

27 朝でもいつでも面接練習

ねらい

キャリア教育の一環として，２つのねらいがあります。１つは，高校入試の面接への準備をすることで，自分のよさに気付くことです。もう１つは，面接への準備を具体的に始めることを通して，将来の見通しをもち，自己実現のために必要な努力の方法を実感することです。活動後は質問を掲示することで，面接への関心を維持できるようにします。

準備物

高校入試の面接における質問をまとめた資料，鉛筆，水性ペン，画びょう

活動の流れ（50分）

❶面接での定番の質問を調べる（10分）

まず，面接での過去の質問を集めた資料（進路指導部などで作成するもの）を用意します。その上で活動に入ります。

T　入試の面接の準備を通して，自分のことやがんばってきたこと，将来の目標について考えよう。まずは，面接でどのような質問が多いか調べよう。

S　どの学校も志望理由は定番だ。

S　中学校でのがんばりでは，部活動だけではなくて総合やボランティアのことも聞かれるんだ…。

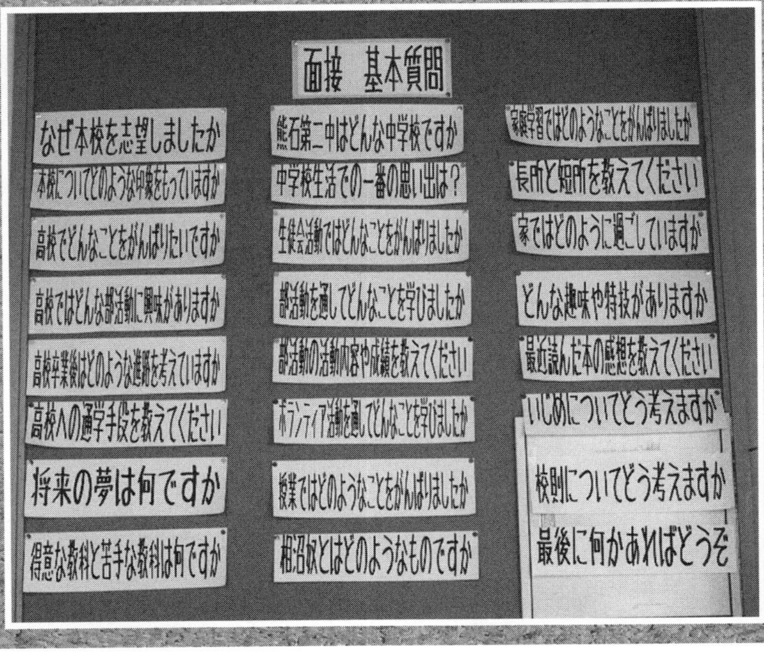

活動の中で生徒が「気になる質問」として選んだものを教室に掲示します。この例では私が印刷した物を生徒が裁断して貼り付けました。生徒に１人１つ質問を（重複しないように）選んでもらい，手書きで記入して掲示する方法も効果的です。

アレンジ 面接での代表的な質問を事前に教師が絞ってから提示すると，時間を短縮できます。本実践では学活として扱っていますが，総合的な学習の時間でも実施は可能です。その場合は，学年で内容をそろえる必要があります。また，卒業生に面接でどのような質問が重要かインタビューをし，その動画を視聴してから面接の受け答えについて考えるようにする方法もあります。

❷気になる質問を選択する（25分）

T　質問の種類はいくつあったかな？

S　１つの学校で20以上あります。合計すると，数えきれないくらいだ…。

T　それらの中から，気になる質問を１人５つずつ選ぼう。大切な質問や難しい質問など，理由も考えよう。

S　長所と短所についての質問を選びました。理由は，長所がよくわからないし，よくある質問みたいだからです。

S　私は部活を続けたいから，中学校の部活で学んだことを選びます。

❸ペアで模擬面接をする（15分）

T　残り時間で質問への解答を考えよう。ペアになって，お互いに質問し合い，答えていこう。

S　どんな高校生活を送りたいですか。

S　建築士になりたいので，専門的な勉強をがんばって，資格を取りたいと思います。あなたの特技は何ですか？

S　サッカーです。３年生の中体連では地区優勝でき，うれしかったです。

T　明日から，朝の会で面接練習タイムを行うよ。準備をしておいてね。

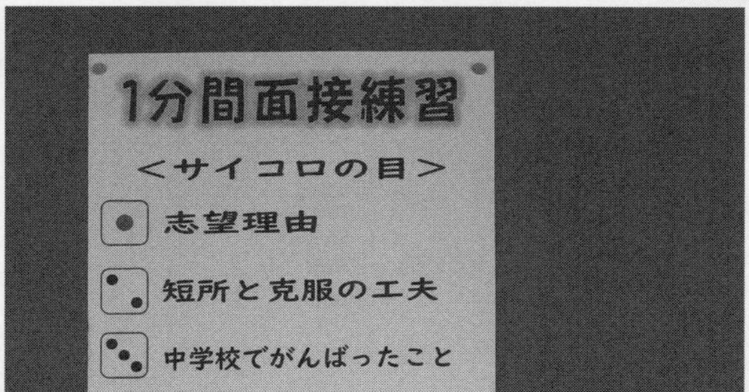

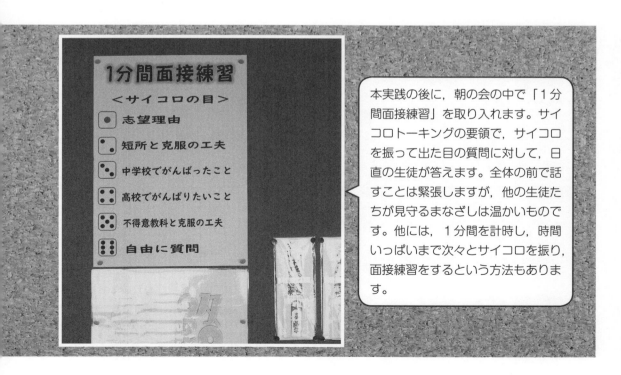

本実践の後に，朝の会の中で「１分間面接練習」を取り入れます。サイコロトーキングの要領で，サイコロを振って出た目の質問に対して，日直の生徒が答えます。全体の前で話すことは緊張しますが，他の生徒たちが見守るまなざしは温かいものです。他には，１分間を計時し，時間いっぱいまで次々とサイコロを振り，面接練習をするという方法もあります。

2月 28 節分で心の中の鬼退治

ねらい

自己の生活上の課題を「心の中の鬼」として顕在化させます。その鬼の退治方法を考える活動を通して，課題の解決方法を意思決定し，生活の改善や成長につなげるねらいがあります。自己の課題を鬼という架空のキャラクターに仮託することで，楽しみながらも課題を表現しやすくなります。節分に合わせると，年中行事を意識できて良いでしょう。

準備物

鬼を描く用紙（Ａ５サイズ），鉛筆，色鉛筆，水性ペン，実物投影機，プロジェクター

活動の流れ（50分）

❶心の中の鬼を考える（30分）

T　みんなの心の中には，がんばりを邪魔する鬼がひそんでいるかもしれないよね。その鬼の名前と外見，特徴，退治方法を考えよう。

S　僕は「さぼるの大好鬼（き）」にしようかな。家で勉強しないといけないのに，ごろごろする鬼。絵は，寝ているポーズで，ゴロゴロだから雷も描こう。

T　どうすれば退治できるかな。

S　何時にどこまで勉強するか計画を立てると，退治できると思います。

特徴
・少しでもねむくなったら寝ちゃう
勉強する時間がなくなっちゃう
退治方法
運動とかしてねむ気を覚ます。
自らやるべき事を増やして寝るひまをなくす。
鬼の名
お昼寝鬼
特徴
・スマホを触っていると出てくる。
・出てくると２時間は帰らない。
・テスト期間中に出現率高
退治方法
・スマホを親にあずけると出てこなくなる!!
鬼の名
スマホやりす鬼
心の中にいる鬼の名前と絵，鬼の特徴と退治する方法を表現しました。上の鬼は「お昼寝鬼」で，少しでも眠くなると現れて勉強する時間がなくなるという設定です。退治するには，適度な運動などが必要です。下は「スマホやりす鬼(ぎ)」で，出てくると2時間は帰らない，テスト期間中に出現率が高いなどの特徴があり，退治方法は「親に預ける」としました。

アレンジ 10月のハロウィンの時期に合わせて，心の中で誘惑する悪魔を考えさせる方法もあります。また，生徒に人気のある鬼を何体か選び，拡大コピーして画用紙に貼り付けて教室に掲示しておくという活用も良いでしょう。実践の最後に紹介している豆まきについては，時間や校内事情で実施が難しい場合は，別の日に学級レクとして実施しましょう。

❷鬼の紹介をする（10分）

生徒が考えた鬼を実物投影機とプロジェクター等を使って拡大して提示しながら紹介します。

T 「食べ過鬼（たべすぎ）」という鬼だって。お菓子を「もう１個だけ」と食べ続け，いつの間にか無くなる…。

S わかるなあ。退治するには，食べる量を最初から決めて守るしかないかな。

T 他の人が考えた鬼の情報を参考にして，退治方法や特徴を修正すると，自分の課題と解決策がより具体化するね。

❸豆まきで鬼退治をする（10分）

最後に，教室で実際に豆まきをして鬼を追い出します。鬼の役は，万が一のケガや事故に備えて，担任が務めた方が良いでしょう。おすすめなのは，プラスチックで個別に包装してある豆のアソートです。ケガの危険が少なく，豆まきの後の掃除をする手間も省けます。豆まきの後に「家や学校で心の中の鬼が出現したら，退治方法を思い出し，心の中で豆をまいて追い出しましょう」とまとめることで，生徒は課題解決への意欲を高めることができます。

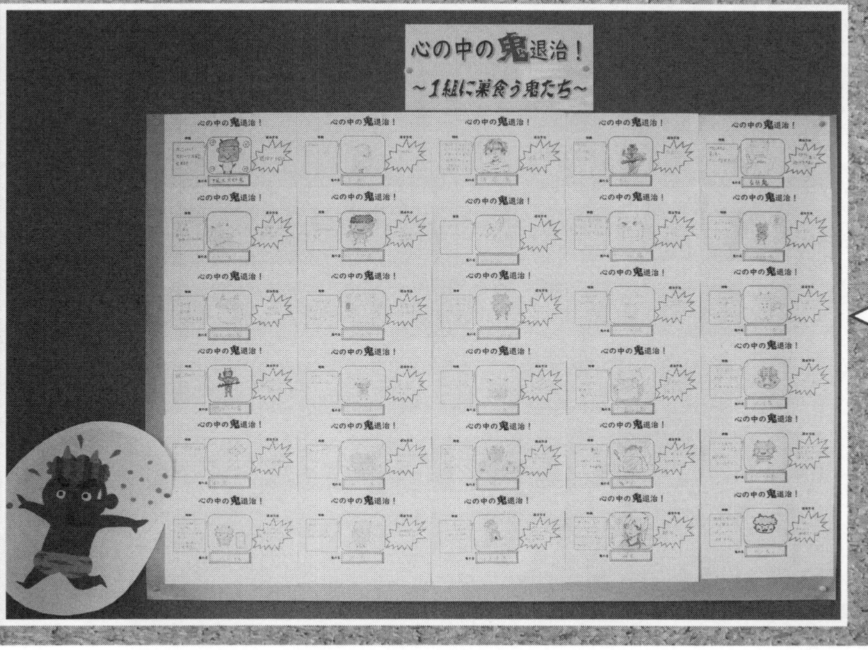

生徒が考えた鬼は模造紙に貼って「季節のコーナー」に掲示しました。ゲーム，食べ過ぎ，なまけなどの定番の他，「強鬼（つよき）」などユニークな鬼もいます。いくつかの鬼を画用紙に大きく描いて掲示するのも良いでしょう。

2月

29 はがき新聞で未来を予想

ねらい

年間を通してはがき新聞を書く活動を行ってきましたが，本実践は最後の活動として「未来のはがき新聞」を作ります。将来のある日の様子について，内容を記入します。予想には，必ず生徒の願望が反映されます。ねらいは，キャリア教育の一環として，生徒の自己実現のためになりたい自分の姿や学級の在り方を具現化させることにあります。

準備物

はがきサイズの原稿用紙，鉛筆，色鉛筆，水性ペン，定規

活動の流れ（50分）

❶はがき新聞の構想を立てる（５分）

T　今年度最後のはがき新聞は，「未来のはがき新聞」だよ。未来のことを予想して，記事を書こう。

S　例えば，どういう未来ですか？

T　入試の日や卒業式の日でも良いし，もっと先の結婚式の日などを予想しても良いから，事実のように書いてね。

S　私は卒業式が将来の思い出に残ると思うから，卒業式の３月15日にする。

S　僕は入試の合格発表の３月17日にして，合格した時の気持ちを書こう。

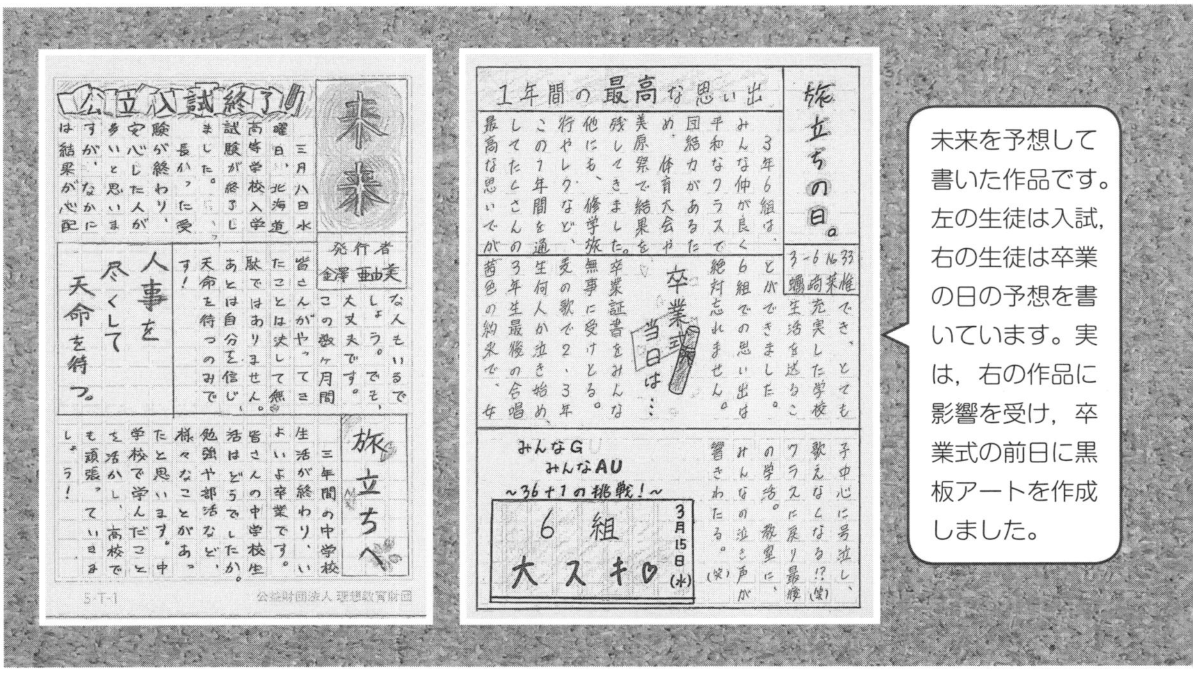

アレンジ 自己啓発書などには，夢を叶えたい日付を書くことを勧めるものがあります。その発想をはがき新聞に取り入れたのが，「未来のはがき新聞」です。実例で紹介したのは入試や卒業式など数週間先の未来ですが，卒業後の５年後，10年後の姿を想像して書くのも面白いと思います。また，１・２年生の場合は，１年後など上級学年での未来を予想するのも良いでしょう。

❷はがき新聞を作成する（35分）

S　今回は未来の予想だから，どんな内容でも良いですよね？

T　良いけど，普段のはがき新聞のように，できるだけ具体的に書こう。そして，自分が望む状況を考えて表現することが大切だよ。

S　卒業式は，みんなと笑顔で終わりたいけど，きっと涙も出るなあ。

S　予想だけではなく，実現するためにがんばることを書くのはアリですか？

T　はい，セカンド記事に書くと良いね。

❸未来への予想を発表する（10分）

T　それでは，発表したい人から前に出て作品を紹介しよう。

S　私は，看護師になる夢を叶えて，初めて病院で働く日のことを書きました。きっと，緊張しているだろうな。

S　僕は卒業式が最高の思い出になると思って書きました。女子も男子も先生も，みんなが号泣すると予想してます。

T　皆さんが思い描いた未来は，素敵な内容ばかりだね。現実にするために，今できることを精一杯続けよう。

これまでのはがき新聞の実践と同様に，すべての作品をクリアポケットに入れて掲示します。卒業学年の時は，卒業までの学級通信で，１号に１作品ずつ，はがき新聞の紹介をし続けました。生徒は，卒業までのカウントダウンのように感じていました。

2月 30 笑顔になるカウントダウンカレンダー

ねらい

卒業や進級を控える時期に，カウントダウンカレンダーをつくって仲間に向けたメッセージを書くことで，学級集団の協調性を高めるのがねらいです。カウントダウンカレンダー自体は一般的に見られる実践ですが，写真の貼り付けやデザインの工夫を行います。それによって，自分の作品が役に立つことを実感し，自己有用感を養うきっかけにします。

準備物

Ｂ４サイズの上質紙，ラミネートフィルム，鉛筆，色鉛筆，水性ペン，生徒の写真

活動の流れ（50分）

❶分担を決める（５分）

Ｔ　今日は，卒業（〇組の解散）までのカウントダウンカレンダーを作るよ。誰が何日のものを担当するか，皆さんで決めてほしいな。

Ｓ　出席番号順で良いと思うな。

Ｓ　出席番号だと男女別になるから，男女を混ぜて，あいうえお順にしたら？

Ｓ　それは，良いね。でも，最後の２日間は，せっかくだから学級委員の２人に任せたら？　委員長はそれで良い？

Ｓ　えっ，私で良いの？　がんばるよ！

卒業までのカウントダウンカレンダーの例です。左の作品はレタリングとイラストが秀逸な力作です。右の作品は卒業式当日のカレンダーにふさわしいデザインです。

アレンジ　カウントダウンカレンダーは一般的な実践ですが，担当した生徒たちは日替わりで主役になるような良質な作品にしたいものです。絵が苦手な生徒でも，デザインに工夫をさせたり，メッセージや写真を入れたりすると，自信をもって作成できます。時間の確保が難しい場合は，共同制作にする方法や，朝の会に数日続けて作成するといった方法も考えられます。

❷デザインを考える（10分）

T　デザインを考えよう。条件は，本当のカレンダーのように見やすくして，お気に入りの絵などを入れることと，みんなへ向けたメッセージを書くことだよ。

S　好きなアニメのキャラクターを描こう。笑顔の表情の絵にして，みんなが見たら喜ぶカレンダーにしたい。

S　感謝のメッセージも書かなきゃ。相手はクラスメートと先生だな。

S　私の担当は30日前だから「卒業まで皆でもっと話したい」って書こう。

❸カレンダーを作成する（35分）

S　数字と曜日は，美術で勉強したレタリングの技を使おう。

S　私は映画のフィルムみたいなデザインにして，これまでの思い出を絵にするかな。

S　後ろの席からも見えるように，文字は大きくして，色は黒にして，絵は明るい色にしよう。

T　完成した作品は，ラミネート加工をして掲示するね。順番に掲示した後，卒業の日に皆さんに返すよ。卒業までの短い時間を大切に過ごそうね。

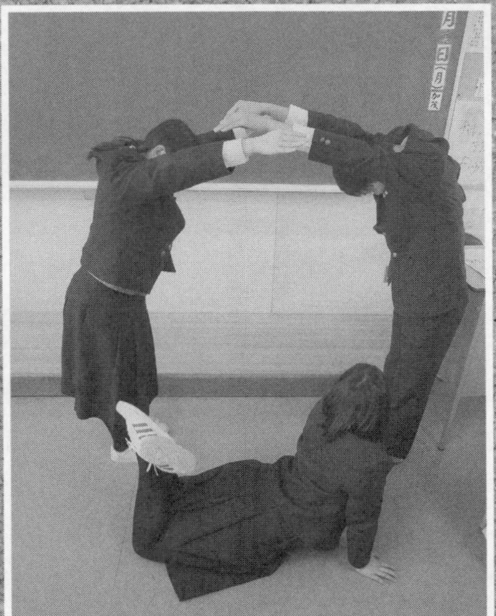

解散までのカウントダウンとして人文字で数字を表現した例です。クラス全員で0から16までの数字を分担し，Ｂ４判の用紙に印刷して掲示しました。ポーズを撮影するだけなので，楽しみながら短時間で作成できます。

3月

31 感動を深める寄せ書き

ねらい

卒業前の寄せ書きといえば，色紙に書くのが定番です。しかし，定番だからこそ，生徒の心には残りにくい面もあり，時間もかかります。そこで，「私がいっぱいいる」と「黒板寄せ書き」の２つを組み合わせた活動を紹介します。短時間で完成し，生徒同士の絆が深まり，学級の仲間と出会い，一緒に過ごしたことに幸せを感じるきっかけになります。

準備物

氏名の寄せ書きを書く紙（Ａ４サイズ），鉛筆，チョーク

活動の流れ（50分）

❶活動のねらいを説明する（５分）

T　卒業（○組の解散）までの１日となったので，クラスメートに向けた２つの寄せ書きを書くよ。１つ目の寄せ書きには，約束があるよ。けっしてふざけて書かないこと。約束できるかな？

S　はい，ふざけてなんて書きません。

T　それでは「私がいっぱいいる」という寄せ書きを始めよう。クラスメートの氏名を，その人のことを思い浮かべながら書いていくよ。１枚の紙に，１人の名前を順番に全員が書いたら完成だよ。

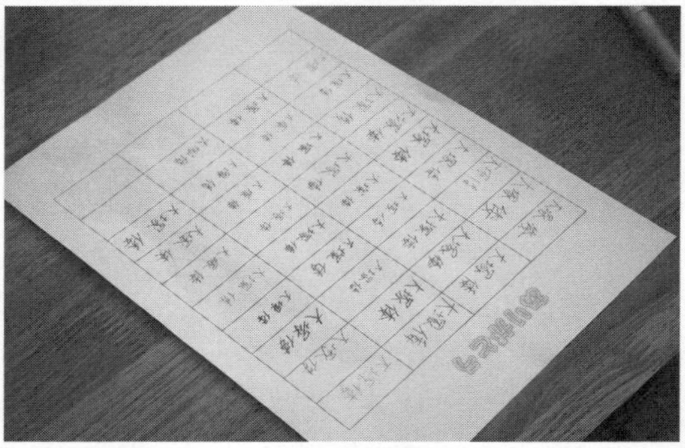

名前だけの寄せ書き「私がいっぱいいる」です。最初に自分の名前を書き，紙を順に回しながら，その人の氏名を丁寧に書きます。一周して手元に戻ってくると，自分の氏名をクラスメート全員が書いた紙（寄せ書き）が完成します。最後にラミネート加工して，生徒１人１人にプレゼントします。１つ１つの氏名を書いた人はわかりませんが，眺めていると仲間と過ごした日々を思い出し，心が温まるようです。

アレンジ　今回は卒業式（修了式）の前日に「私がいっぱいいる」と黒板アートを同時に行う方法を紹介していますが，それぞれ分けて行うことも可能です。また，黒板アートについては放課後の時間を使って作成することもできます。なお，「私がいっぱいいる」は函館市立亀田中学校の同僚だった井下貴光先生から紹介された実践を，私が寄せ書きという形でアレンジしました。

❷友達の氏名を丁寧に書く（30分）

T　最初に自分の名前を書き，隣の人に順に紙を回そう。その人のことを思い浮かべて，心を込めて書こうね。

S　漢字を間違えないようにしよう。

S　気持ちを込めて，丁寧に書こう。

T　（書き終わって自分の氏名の用紙が手元に戻ったら）読んでみての感想と，書いていた時の気持ちを振り返り，班で感想を交流しよう。

S　けっこう，誰が書いたかわかった。

S　不思議な寄せ書きだけど，うれしい。

❸黒板に寄せ書きをする（15分）

T　もう１つの寄せ書きは，黒板アートだよ。卒業（進級）を前に，みんなへのメッセージを書こう。

S　真ん中にはマスコットを描こう。

S　何を書こうかな。「ありがとう」だけだとつまらないかな。

S　でも，素直な気持ちをシンプルに書くのも良いと思うな。

S　内容よりも，みんなで１つの黒板に書くのが何か良いよね。

S　卒業するんだって実感しちゃうね。

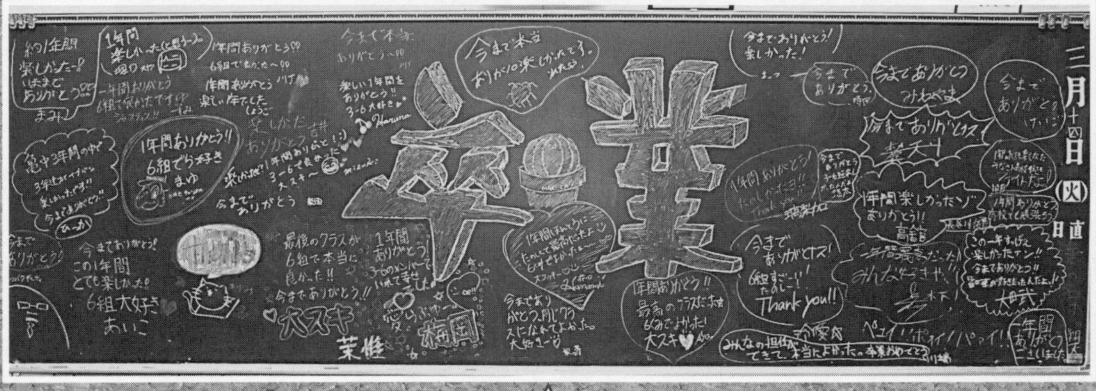

中学３年生の「黒板寄せ書き」の例です。中央の「卒業」の文字は，プロジェクターで輪郭を投影し，立体的に見えるような影の部分と色塗りは，手描きで仕上げました。中心には学級のマスコットキャラクターがいます。この作品は写真に撮り，最後の学級通信の中に印刷して配布しました。通信に掲載して記録に残すことで，書いた時の心境を含めて記憶に深く残るようになります。

32 学級じまいに学級通信を全号掲示

ねらい

卒業式や修了式の前に，大掃除の時間などに掲示物をはずして教室を復元することが多いと思います。なんの飾りもない状態が，別れのさみしさを増大させてしまいます。そこで，学級の仲間への感謝の気持ちを高め，１年間教室で学んできたことに自信をもって次の学年や学校へ進むために，１年間に発行したすべての学級通信を掲示します。「学級じまい」に感動を生み出すきっかけになります。

準備物

１年間の学級通信（最終号を除く）。

活動の流れ（25分）

❶活動のねらいを説明する（５分）

T　昨日の大掃除で掲示物をすべてはずしたので，代わりに，４月の第１号から先週までの学級通信を掲示しておいたよ。

S　こう見ると，あっという間だったな。

T　しかし，ねらいは殺風景な教室を飾ることだけではないんだ。なぜ掲示したと思うかな？

S　学級通信を見て，１年間を思い出すためだと思います。

T　その通り。通信を見て，１年間，仲間と一緒に努力した日々を思い出そう。

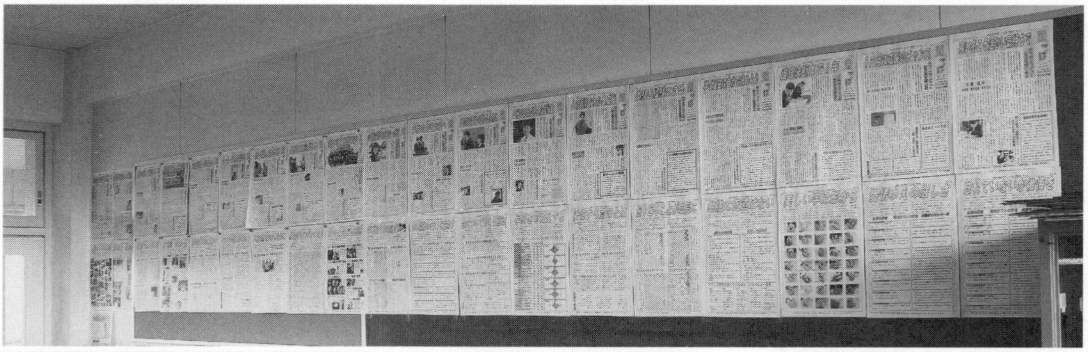

私の場合は，学級通信をＢ４判表裏で50号まで印刷します。同じ号を縦に並べ，上に表側，下に裏側を掲示しています。また，前日の放課後，生徒に気付かれないように掲示すると，最終日の朝に生徒が登校した時のサプライズになります。
すべての掲示物を剥がして殺風景になった教室でも，このような工夫によって学級の１年間の成長が可視化できるとともに，学級への愛着がさらに増します。

アレンジ　最終日（卒業式や修了式）の学活で行うと想定し，（他の活動も行う必要があるため）活動時間を25分間と短めにしています。活動時間が確保できない場合は，学級通信を掲示しておくだけでも，生徒は自分たちの１年間の歩みを振り返ることができます。また，掲示スペースがない場合，窓の前にゴム紐を何本か通し，クリップで通信を挟む方法もあります。

❷気になる通信を選ぶ（10分）

T　教室を自由に動いて，すべての学級通信の中で，１番印象に残ったものを選んでほしいな。

S　思い出がたくさんありすぎて，１つに決めるのが大変…。

S　やっぱり宿泊研修が思い出に残っているから，旅行特集のこの回かな。

S　僕は体育大会の全員リレーで勝ってうれしかったから，第10号にする。

S　こうして見ていくと，本当にいろいろなことがあったなあ。

❸選んだ通信と理由を発表する（10分）

T　時間になったので，１号から順番に選んだものに手を挙げてね。

T　○○さんは，どうしてこの号を選んだのか，理由を教えてくれるかな？

S　私は，みんなのシャープペンの持ち方の特集が印象に残っているからです。これも個性が表れているなあって。

T　皆さん，本当にこの１年で大きく成長したね。それでは，最後の学級通信を配って，私から○組の皆さんへの最後のメッセージを贈るね。

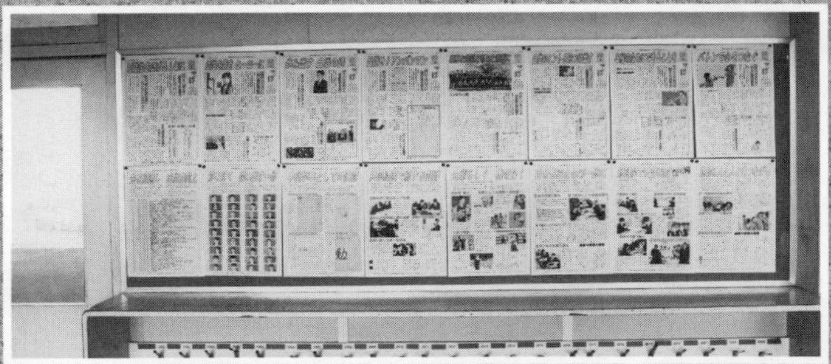

廊下側前方の掲示板に１号を貼り，順番に廊下側後方，教室の背面，窓側，黒板左横，黒板右横と学級通信を貼っていきました。

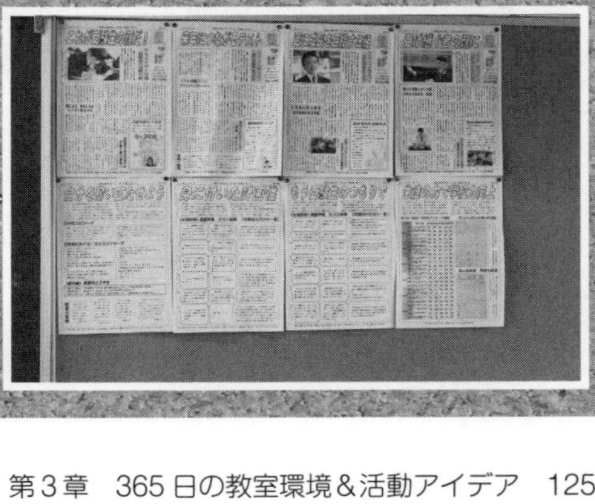

黒板の右横（画像の一番右）の通信が49号で，最終の50号は修了式（卒業式）の学活で配布します。黒板には，生徒による寄せ書きや黒板アートを描いたり，学級目標の掲示物を移動して貼ったりすると良いでしょう。

あとがき

私が教室環境づくりの工夫を図り始めて，８年ほどになります。その経験の中で印象に残ったことが２点あります。

１つは，生徒が教室にいる時間が長くなることです。昼休みになっても，廊下で他の学級の生徒と話すのではなく，教室の中で掲示物を見ながら生徒と談笑する姿が春，夏，秋，冬と季節を過ぎるごとに増えていきます。教室が安心できる場所や生徒にとって居心地の良い空間になっている証拠ではないでしょうか。

もう１つは，教室をきれいに使おうとする生徒が増えることです。個人ロッカーの使い方やカバンの置き方が変わってきます。また，床に消しくずをそのまま捨てるような生徒も減ります。私は，担任をしている時に整理整頓やマナーについてそれほど細かい指導はしません。しかし，教室の中に生徒の作品が増え，教室環境づくりが進むと，不思議とマナーの向上が見られます。

いずれも，他の教育活動や生徒個人の内面の成長が影響している面はあるでしょう。私はそれに加えて，教室環境の工夫によって「教室が自分の大切な場所である」という意識が自然と広がって生徒が変容するのではないかと考えています。

なお，本書で紹介した実践は，八雲町立熊石第二中学校で３年間担任をした10名の生徒と，函館市立亀田中学校の２年２組，３年６組，１年１組，２年３組，３年１組の延べ180名の生徒たちと学んだ内容に基づいています。写真で紹介した作品に加え，活動の流れで示した生徒の発言例は，実際の生徒の言葉を基にしています。本書の発刊に当たり，掲載を快く承諾して協力してくれた生徒たちに，感謝の意を表します。

そして，何より明治図書出版の大江文武さんには，本書の出版の機会を与えていただき，様々な編集の労をとってくださいました。本書のようなアプローチで教室環境づくりに迫った例は，決して多くはありません。類書が少なく，私にとっては手探りの状態での執筆でしたが，何度も打ち合わせをしてくださり，構成と内容について多くの的確なご示唆をいただきました。おかげさまで，自信をもって世に出せる１冊になりました。この場をお借りして，心よりお礼と感謝を申し上げます。

学びを可視化し，学級活動を中心に教室環境づくりを進めることで，教室が生徒にとって安心して暮らせる場所や，思い切って力を発揮できる居場所になります。そして，環境づくりを自分たちの手でつくり上げる経験は，進学後の新しい環境や所属する集団をよりよいものへ変化させる原動力になります。子どもたちが他者と協働しながら未来を切り拓く力を身につけるような教育活動の一助として，本書がお役に立てば幸いです。

2020年２月

川端　裕介

【著者紹介】

川端　裕介（かわばた　ゆうすけ）

現在，北海道函館市立亀田中学校に勤務。

1981年札幌市生まれ。北海道教育大学札幌校大学院教育学研究科修了（教育学修士）。函館市中学校社会科教育研究会研究部長。NIE アドバイザー。マイクロソフト認定教育イノベーター（MIEE）。函館市南北海道教育センター研究員。

社会科教育では，平成24年度法教育懸賞論文にて公益社団法人商事法務研究会賞，第64回読売教育賞にて社会科教育部門最優秀賞，第29回東書教育賞にて奨励賞などの受賞歴がある。また，学級通信を学級経営に活用し，第13回「プリントコミュニケーションひろば」にて最優秀賞・理想教育財団賞，第49回「わたしの教育記録」にて入選などの受賞歴がある。

［著書］

『豊富な実例ですべてがわかる！中学校クラスが輝く365日の学級通信』（2018）

『単元を貫く学習課題でつくる！中学校地理の授業展開＆ワークシート』（2019）

『単元を貫く学習課題でつくる！中学校歴史の授業展開＆ワークシート』（2019）

『単元を貫く学習課題でつくる！中学校公民の授業展開＆ワークシート』（2020）いずれも明治図書出版

学級経営サポートBOOKS

豊富な実例ですべてがわかる！

中学校生徒とつくる365日の教室環境

2020年３月初版第１刷刊 ©著　者　川　端　裕　介

発行者　藤　原　光　政

発行所　明治図書出版株式会社

http://www.meijitosho.co.jp

（企画・校正）大江文武

〒114-0023　東京都北区滝野川7-46-1

振替00160-5-151318　電話03(5907)6702

ご注文窓口　電話03(5907)6668

＊検印省略　組版所　中　央　美　版

Printed in Japan　ISBN978-4-18-296711-5